あなたが言う通り
たたえよう神の名を (復活)
私も (千億回でも)
オーシャンズ
恵みから恵みへ
壊れた器 (アメージング・グレース)
神は世を愛し
なんて麗しい名
本当の愛
アライブ
フォーリング・イントゥ・ユー
ディス・イズ・リビング

Hillsong Worship

Hillsong Worshipのアルバムは、神様との親密な個人的関係と会衆として捧げる賛美を表現した作品であり、ヒルソングチャーチ賛美チームが協力して制作したものです。個人、賛美チームおよび様々な教会にリソースを提供することを使命に、Hillsong Worshipチームは教派を超えた、より大きな意味での「教会」と同じくらい多様な歌を生み出したいと願っています。毎年私たちが祈っていることは、このワーシップアルバムを通してあらゆる世代と人に、主への信仰と愛情を宣言する歌を提供することです。

UNITED、Y&F および HILLSONGKIDSチーム

UNITEDが作詞作曲を通して力を注いでいるのは、真実を伝え、ユニークなサウンドを生み出し、教会や人とつながり、何よりも世界中の人を神様と結びつけることです。 Y&F（ヤング＆フリー）は、ヒルソングチャーチにおける現在のユースのムーブメントを映し出すクリエイティブな賛美です。HILLSONG KIDSは、ヒルソングチャーチの子ども向けミニストリーです。子どもたちがイエスキリストによって成長する中で忘れられない体験を作り出しています。UNITED、Y&F、HILLSONG KIDSの各チームは普段ヒルソングチャーチのワーシップ＆クリエイティブチームの一部として活動しています。ツアーとして各国を訪れる際は、参加者や地域のユースグループおよび地域教会に影響を与え、人々の心がイエス様に向かうことを励ましたいと願っています。これはヒルソング全体のサポートと祈りによって行われています。

私たちの教会は、イエス様への真の賛美を励まし力づけるとともに、リソースを提供する事でキリストの体に仕えることを大事にしています。

ヒルソングチャーチは、ブライアンおよびボビー・ヒューストンによる心に響くメッセージや書籍、地域教会のアウトリーチ、弟子訓練および子供向けミニストリーのカリキュラム、そしてもちろん楽曲など、数多くのリソースを提供しています。詳しくはhillsongmusic.comをご覧ください。

私たちの教会は地域教会の使命を力づけることを大切にしています。

ヒルソングカンファレンスはあなたとあなたの教会のためにあり、世界中で神の国が前進することを願っています。カンファレンスは皆さんの教会、家庭、地域で活用できる実践的な教えに耳を傾け、受け取り、持ち帰る機会を提供します。また、リフレッシュし元気を得る場所で、世界中にある多様な地域教会の仲間たちと大きな力と一致を見つける場でもあります。詳しくは、hillsongconference.comをご覧ください。

私たちの教会は女性に価値を置くことを大切にしています。

カラーカンファレンスーその真ん中にあるのは人道的なメッセージです。私たちが情熱を持って取り組んでいるのは女性に価値を置くこと、その結果女性が力と団結を持って立ち上がり他の人たちに価値を置くことです。
詳しくは Colourconference.comをご覧ください。

私たちの教会はイエスキリストのメッセージによって世界に届き、影響を与えられると信じています。

ヒルソングチャンネルはメディアを用いた革新的な動きです。時代を超えたイエス様のメッセージを世界中のテレビや他のデジタル機器に配信することで、人生のあらゆる面で人を力づけたいと願っています。これは文化の中心に存在する機会であり、世界中の刑務所から宮殿まであらゆるところにイエス様を届けています。詳しくはhillsongchannel.comをご覧ください。

ヒルソングテレビの番組「ブライアン・ヒューストン」は、ヒルソングチャーチの礼拝で彼のメッセージを撮影した30分のクリスチャン番組です。ブライアン牧師のメッセージは情熱的で元気を与え、日々の生活で実践できるものです。彼のメッセージは、親密で愛にあふれる神様がくださる希望や喜びや人生の目的に気づかせるものです。詳しくはhillsongtv.comをご覧ください。

私たちの教会は神の国を前進させる上でパートナーシップと一致を大切にしています。

ヒルソングリーダーシップネットワークはリーダー同士がつながり、整えられる場を作り、リーダーに仕えることで世界中の地域教会の使命を力づけるために存在します。私たちは様々な教派やスタイルのリーダー、教会、ミニストリーに寄り添うことで、たくさんの教会がこのメンバーシッププログラムを通して成長し、神様に与えられた可能性を実現することを願っています。詳しくは、hillsong.com/network をご覧ください。

私たちの教会は人が人生のあらゆる場でリードし影響を与えるために必要な法則やツールを提供することを大切にしています。

牧師リーダーシップ科（ユース、キッズ、イベントマネジメント、ソーシャルジャスティスを含む）、クリエイティブ科（ワーシップ、TV＆メディア、ダンス、プロダクションを含む）、Alphacrucisカレッジから提供される大学・大学院プログラムについての詳細はhillsongcollege.com をご覧ください。

私たちはたくさんの都市にある1つの教会です。

オーストラリア、バリ、ブエノスアイレス、コペンハーゲン、フランス、ドイツ、イスラエル、キエフ、ロサンゼルス、モスクワ、オランダ、ニューヨーク、ノルウェー、フェニックス、ポルトガル、サンフランシスコ、サンパウロ、南アフリカ、スペイン、ストックホルム、スイス、イギリス 礼拝の時間や情報はHillsong.comをご覧ください。

デジタル楽譜　利用規約

この度はヒルソングミュージックより楽譜を購入して頂きまして、誠にありがとうございます。
今回のご購入で印刷頂ける条件は次の通りです。

1．予備（バックアップ目的のみ）のため楽譜を1部印刷する。
2．個人使用目的のため（パフォーマンス、礼拝、練習、レッスン等）に1部印刷する。

以下の権利は認められていません

1．楽譜（デジタルデータを含む）の1部分や全体を複製（コピー）する権利。
2．どのような目的であっても著作物を翻訳し、編曲し、若しくは変形する権利。
3．第三者に著作物を翻訳し、編曲し、若しくは変形する許可をする権利。
4．著作物をその原作品又は複製物の譲渡により公衆に提供する権利。
　　教会での礼拝用目的で使用の楽譜の複製（コピー）権はCCLIより得る事が出来ます。
　　詳しくはhttp://www.ccli.comまでお問い合わせください。

この著作物の著作権に関するお問い合わせはヒルソング・ミュージック publishing@hillsong.comまでご連絡ください。

この楽譜を印刷することで上記の利用条件を既読し、これに承諾して頂けることとみなします。

楽譜作成: ジャレド・ハシエック＆トリシャ・マディー

あなたが言う通り

公認日本語訳
(Who You Say I Am)

作詞作曲
Ben Fielding & Reuben Morgan
訳詞
Lauren Horii,
Jun Sakakiyama & Sayaka Eguchi

With energy ♪= 173

VERSE 1/2
こ-ん-な-わ-た-し-さ-え-ま-ね-い-た-おう
か-み-の-あ-が-な-い-と-ふ-か-い-め-ぐ-み

受-け-入-れ-て-く-れ-た-か-み-の-あ-い-か-み-わ-た-
こ-の-つ-み-の-た-め-死-な-れ-た-主

CHORUS
イ-エ-ス-に-よ-り　もう-わ-た-し-
し-の-あ-い
し-の-た-め

は　か-み-の-子-ど-も　Yes I am

am.　ち-ち-の-い-え-に　住-ま-

© 2017 Hillsong Music Publishing.
All rights reserved. International copyright secured. Used by permission.
Tel: +61 2 8853 5284　Email: publishing@hillsong.com　CCLI Song No. 7119339

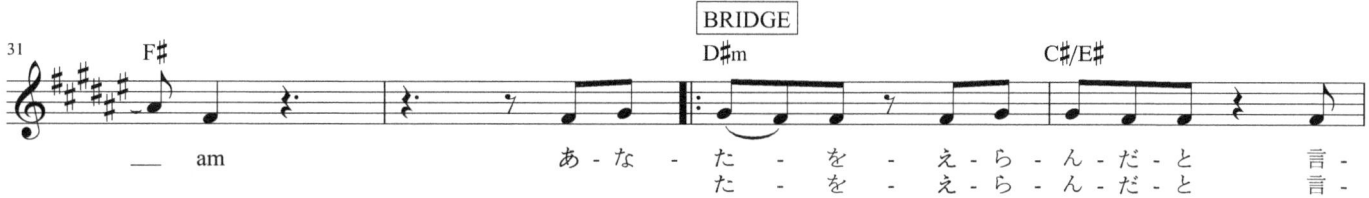

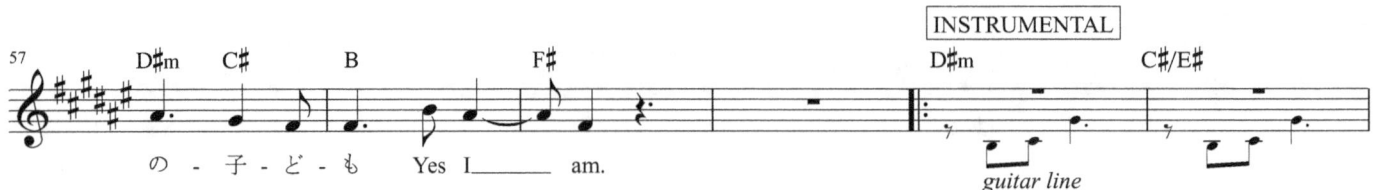

あなたが言う通り

公認日本語訳
(Who You Say I Am)

作詞作曲
Ben Fielding & Reuben Morgan
訳詞
**Lauren Horii,
Jun Sakakiyama & Sayaka Eguchi**

VERSE 1/2

こーんなわーたーしーさーえーまー
かーみのあーがなーいーとーふー

ねーいたーおう　　　受けー入れてー
かーめーぐみ　　　このーつみー

くーれたかみのーあーいーかみー
のーため死なれーたー主ーわたー

© 2017 Hillsong Music Publishing.
All rights reserved. International copyright secured. Used by permission.
Tel: +61 2 8853 5284 Email: publishing@hillsong.com CCLI Song No. 7119339

あなたが言う通り
公認日本語訳
(Who You Say I Am)

♩ = 173

作詞作曲
Ben Fielding & Reuben Morgan
訳詞
**Lauren Horii,
Jun Sakakiyama & Sayaka Eguchi**

F#5　D#m　C#　B　F#　C#/E#

| F#5 | F#5 | F#5 | F#5 |

VERSE 1
F#5
こんな私さえ
　D#m　C#　F#5
招いた王
F#5
受け入れてくれた
　D#m　C#　B
神の愛
　D#m　C#　B
神の愛

CHORUS 1
　　　F#　　　　C#
イエスにより　もう私は
　D#m　C#　B　　　F#
神の子ども　　Yes I am

VERSE 2
神の贖いと
深い恵み
この罪のため
死なれた主
私のため

CHORUS 2
　　　F#　　　　C#
イエスにより　もう私は
　D#m　C#　B　　　F#
神の子ども　　Yes I am
　　　F#　　　　C#
父の家に　住まいがある
　D#m　C#　B　　　F#
神の子ども　　Yes I am

BRIDGE
　　　D#m　　　C#/E#
あなたを選んだと
　　F#　　　　B
言われた通り
　　　D#m　　　C#/E#
あなたの言葉が
　　F#　　　B
教えてくれた

Repeat BRIDGE

TAG
 D#m　C#/E#　B
本当の自分を

Repeat CHORUS 2

CHORUS 3
　　　F#　　　　C#
父の家に　住まいがある
　D#m　C#　B　　　F#
神の子ども　　Yes I am

INSTRUMENTAL
| D#m | C#/E# | F# | B | *(play 4 times)*

Repeat BRIDGE X3
Repeat TAG X2
Repeat CHORUS 2

© 2017 Hillsong Music Publishing.
All rights reserved. International copyright secured. Used by permission.
Tel: +61 2 8853 5284　Email: publishing@hillsong.com　CCLI Song No. 7119339

あなたが言う通り

公認日本語訳

(Who You Say I Am)

作詞作曲
Ben Fielding & Reuben Morgan
訳詞
Lauren Horii, Jun Sakakiyama & Sayaka Eguchi

VERSE 1:
こんな私さえ
招いた王
受け入れてくれた
神の愛
神の愛

CHORUS:
イエスにより
もう私は
神の子ども
Yes I am

VERSE 2:
神の贖いと
深い恵み
この罪のため
死なれた主
私のため

© 2017 Hillsong Music Publishing
All rights reserved. International copyright secured.
Used by permission.
Tel: +61 2 8853 5300
E-mail: publishing@hillsong.com
CCLI: 7119339

CHORUS 2:
イエスにより
もう私は
神の子ども
Yes I am
父の家に
住まいがある
神の子ども
Yes I am

BRIDGE:
あなたを選んだと
言われた通り
あなたの言葉が
本当の自分を
教えてくれた

© 2017 Hillsong Music Publishing
All rights reserved. International copyright secured.
Used by permission.
Tel: +61 2 8853 5300
E-mail: publishing@hillsong.com
CCLI: 7119339

たたえよう神の名を(復活)

公認日本語訳
(O Praise The Name (Anástasis))

作詞作曲
**Marty Sampson,
Benjamin Hastings & Dean Ussher**
訳詞
**Lauren Horii, Shion Sakakiyama,
Sayaka Eguchi & Sayaka Tano**

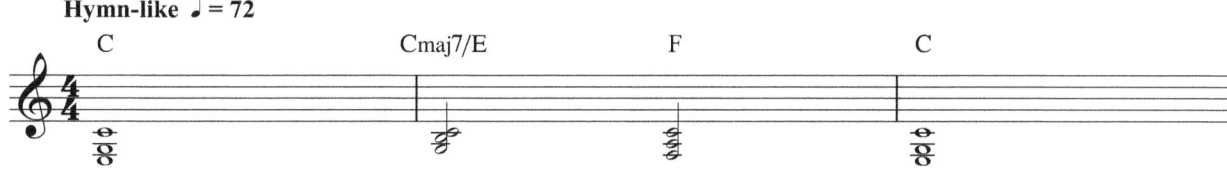

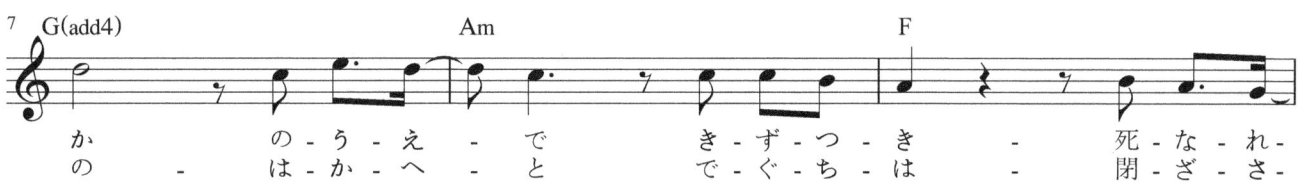

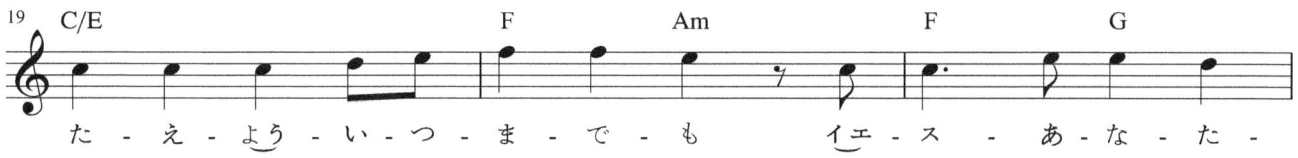

© 2015 Hillsong Music Publishing.
All rights reserved. International copyright secured. Used by permission.
Tel: +61 2 8853 5300 Email: publishing@hillsong.com CCLI Song No. 7122654

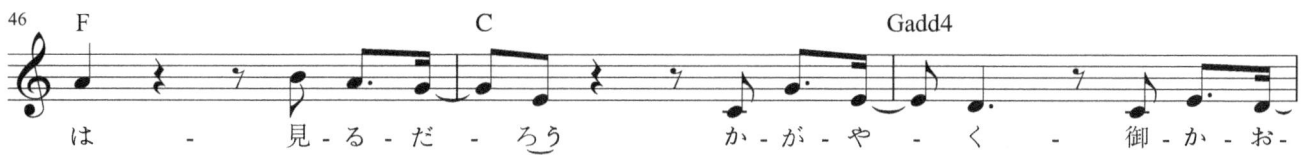

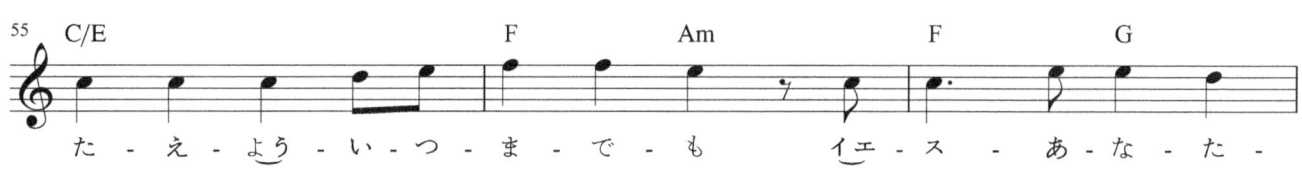

たたえよう神の名を(復活)

公認日本語訳
(O Praise The Name (Anástasis))

♩ = 72

作詞作曲
Marty Sampson,
Benjamin Hastings & Dean Ussher
訳詞
Lauren Horii, Shion Sakakiyama,
Sayaka Eguchi & Sayaka Tano

C　Cmaj7/E　F　G　C/E　Gsus　Csus

| C | Cmaj7/E F | C | Cmaj7/E F |

VERSE 1
　　C
カルバリの丘の
　　G　　　Am
十字架の上で
　　　F　　C/E
傷つき死なれた
　G　　C　　Cmaj7/E F
私の救い

VERSE 2
亜麻布に巻かれ
ヨセフの墓へと
出口は閉ざされ
一人葬られた

CHORUS
　　C　　　F　　C
たたえよう神の名を
　Am　　Gsus G
主の名を永遠に
　　　C/E　　　F　Am
たたえよういつまでも
　　F　G　C
イエスあなたを

VERSE 3
　　C
3日目の夜明けに
　　G　　　Am
神の子イエスは
　　F　　C/E
死を打ち砕いて
　G　　　　C　Csus　C
よみがえられた

VERSE 4
栄光をまとい
イエスは来られる
私は見るだろう
輝く御顔を

© 2015 Hillsong Music Publishing.
All rights reserved. International copyright secured. Used by permission.
Tel: +61 2 8853 5300 Email: publishing@hillsong.com CCLI Song No. 7122654

たたえよう神の名を(復活)
公認日本語訳
(O Praise The Name (Anástasis))

作詞作曲
Marty Sampson, Benjamin Hastings & Dean Ussher

訳詞
Lauren Horii, Shion Sakakiyama, Sayaka Eguchi
& Sayaka Tano

VERSE 1:
カルバリの丘の
十字架の上で
傷つき死なれた
私の救い

VERSE 2:
亜麻布に巻かれ
ヨセフの墓へと
出口は閉ざされ
一人葬られた

CHORUS:
たたえよう神の名を
主の名を永遠に
たたえよういつまでも
イエスあなたを

© 2015 Hillsong Music Publishing
All rights reserved. International copyright secured.
Used by permission.
Tel: +61 2 8853 5300
E-mail: publishing@hillsong.com
CCLI : 7122654

VERSE 3:
3日目の夜明けに
神の子イエスは
死を打ち砕いて
よみがえられた

VERSE 4:
栄光をまとい
イエスは来られる
私は見るだろう
輝く御顔を

© 2015 Hillsong Music Publishing
All rights reserved. International copyright secured.
Used by permission.
Tel: +61 2 8853 5300
E-mail: publishing@hillsong.com
CCLI : 7122654

私も (千億回でも)
公認日本語訳 (SO WILL I (100 BILLION X))

作詞作曲
Joel Houston, Benjamin Hastings & Michael Fatkin
訳詞
Lauren Horii

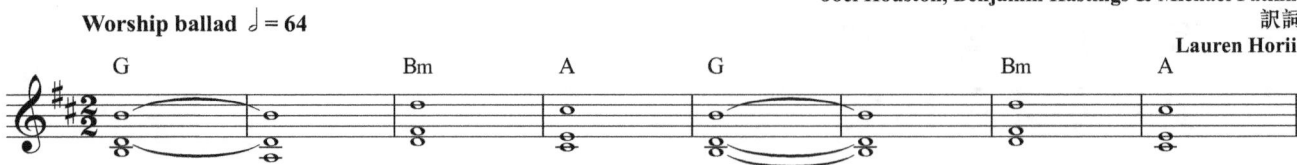

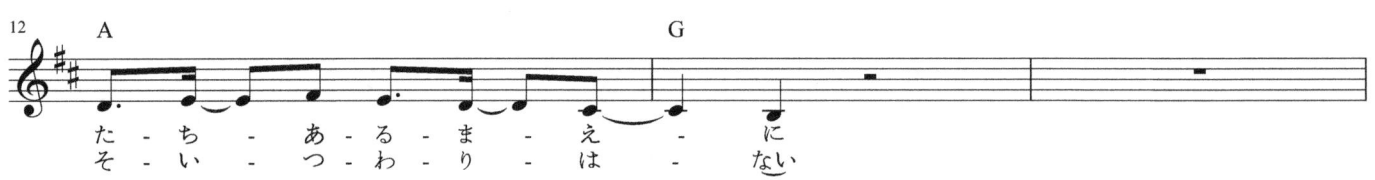

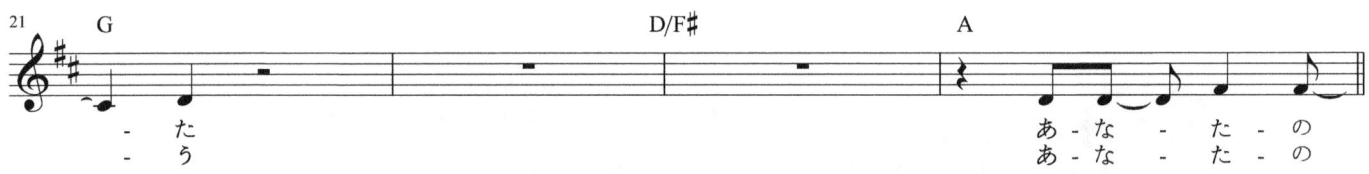

© 2017 Hillsong Music Publishing.
All rights reserved. International copyright secured. Used by permission.
Tel: +61 2 8853 5284 Email: publishing@hillsong.com CCLI Song No. 7122656

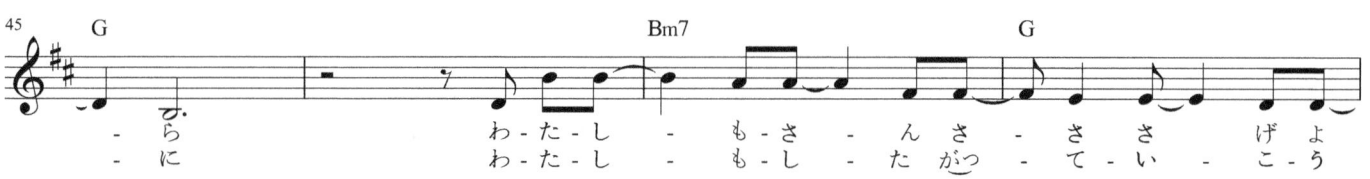
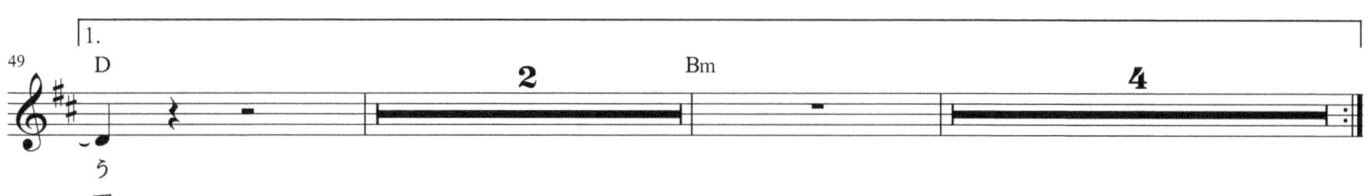

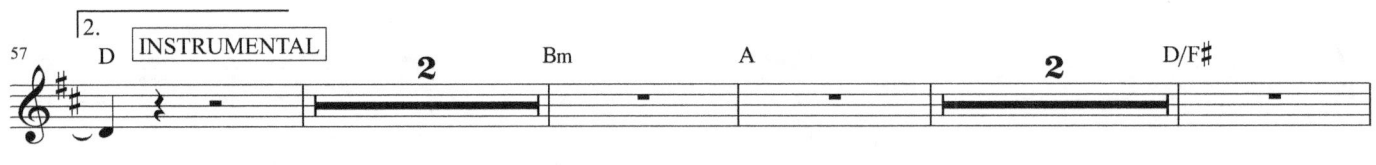
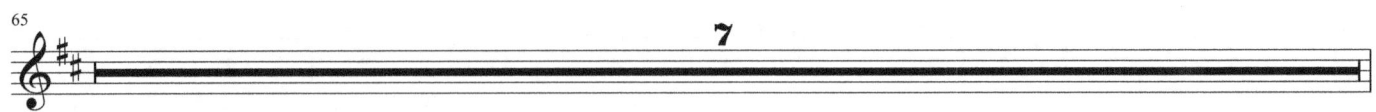

ぜ－ん－ち－が ひ－れ－伏－す－の－ な－ら－

う－み－が－鳴－り－と－ど－ろ－く－な－ら－

さ－ん－び－す－る－た－め－つ－く－ら－れ－た－

わ－た－し－も－さ－ん－び－さ－さ－げ－よう__ お－

－ か－ぜ－も－主－に－し－た－が－う－の－な－ら－

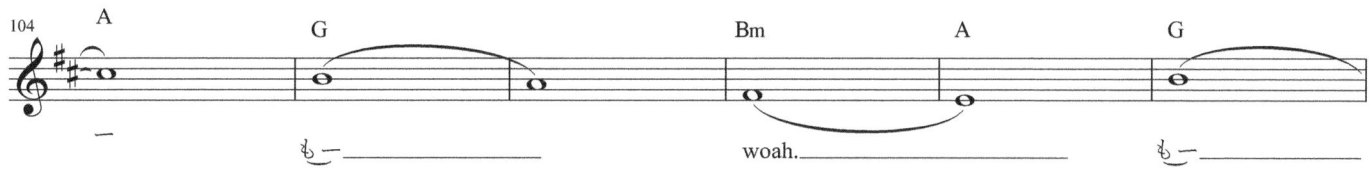

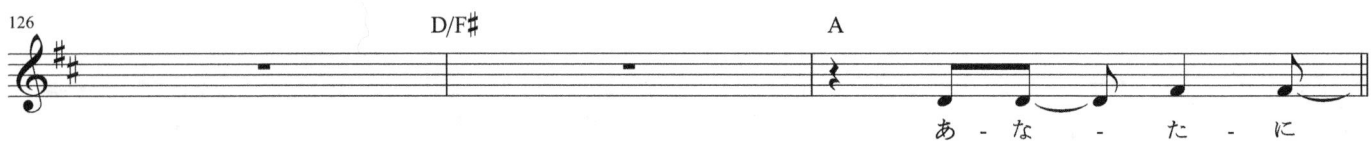

CHORUS 3

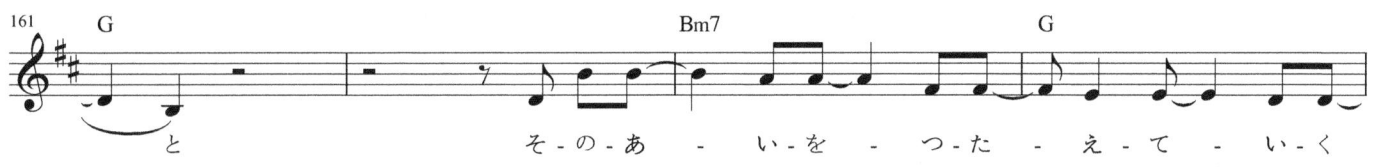

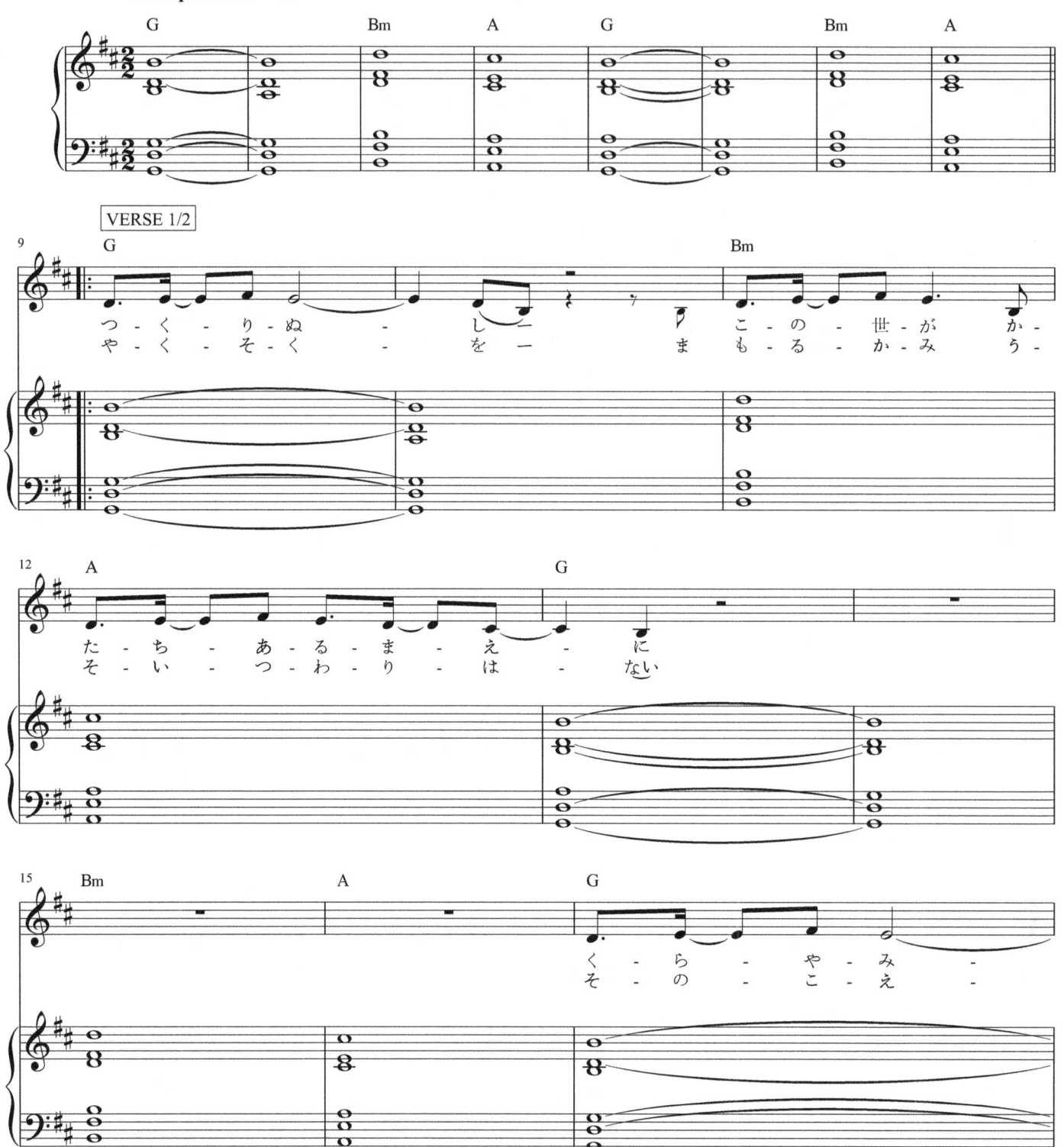

私も (千億回でも)
公認日本語訳
(So Will I (100 Billion X))

作詞作曲
Joel Houston,
Benjamin Hastings & Michael Fatkin
訳詞
Lauren Horii

♩ = 64

| G | G | Bm | A |

VERSE 1
```
G              Bm
創り主 この世が
A       G   Bm  A
形ある前に
G          Bm
暗闇に 語りかけ
         A    G D/F# A
光が生まれた
```

CHORUS 1
```
        D
あなたの
        Bm7    A
言葉で星が生まれ
        D/F#  G
宇宙の光全て
      Bm7  G   D
あなたを賛美するから
         Bm7    A
造られたもの全てが
           D/F#  G
あなたを 崇めるのなら
      Bm7  G   D
私も賛美捧げよう
```

| A | A | A | Bm |
| A | A | A | D/F# |

VERSE 2
```
約束を 守る神
嘘偽りはない
その声に天地の
全てが 従う
```

CHORUS 2
```
あなたの
息吹により生まれた
何千億のいのちが
栄光をあらわすのなら
その言葉に従い
恵み深い あなたに
私も従っていこう
```

D	D	D	Bm
A	A	A	D/F#
G	G	Bm	A5 Dsus2
G	G	Bm	A5 Dsus2

BRIDGE 1
```
      G          Bm A
全地がひれ伏すのなら
      G          Bm A
海が鳴りとどろくなら
      G             Bm A
賛美するため造られた
      G      Bm A
私も賛美捧げよう
```

BRIDGE 2
```
風も主に従うのなら
石が主に叫ぶのなら
この声の限りあなたへ
何千何万何億回でも
```

INSTRUMENTAL
| G | G | Bm | A | *(repeat)*

© 2017 Hillsong Music Publishing.
All rights reserved. International copyright secured. Used by permission.
Tel: +61 2 8853 5284 Email: publishing@hillsong.com CCLI Song No. 7122656

VERSE 3
救い主私を
追いかけてくれた
十字架の上でいのちを
惜しまず死なれた

CHORUS 3
あなたに
赦された幾千の罪
贖われたこのいのち
あなたが死に勝ったのなら
墓を背に歩き出そう
あなたが愛したように
私もいのち捧げよう

全世界 全ての人
あなたが 愛していると
その愛を伝えていく

TAG
```
        D      Bm       A
どんな数も表せない
                D/F♯       G
あなたの終わりのない愛
        Bm     G       D
一人も見捨てはしない
```

私も（千億回でも）

公認日本語訳
(So Will I (100 Billion X))

作詞作曲
Joel Houston, Benjamin Hastings & Michael Fatkin

訳詞
Lauren Horii

VERSE 1:
創り主
この世が
形ある前に
暗闇に
語りかけ
光が生まれた

CHORUS 1:
あなたの
言葉で星が生まれ
宇宙の光全て
あなたを賛美するから
造られたもの全てが
あなたを
崇めるのなら
私も賛美捧げよう

© 2017 Hillsong Music Publishing
All rights reserved. International copyright secured.
Used by permission.
Tel: +61 2 8853 5300
E-mail: publishing@hillsong.com
CCLI : 7122656

VERSE 2:
約束を
守る神
嘘偽りはない
その声に
天地の全てが
従う

CHORUS 2:
あなたの
息吹により生まれた
何千億のいのちが
栄光をあらわすのなら
その言葉に従い
恵み深い
あなたに
私も従っていこう

BRIDGE:
全地がひれ伏すのなら
海が鳴りとどろくなら
賛美するため造られた
私も賛美捧げよう

© 2017 Hillsong Music Publishing
All rights reserved. International copyright secured.
Used by permission.
Tel: +61 2 8853 5300
E-mail: publishing@hillsong.com
CCLI : 7122656

風も主に従うのなら
石が主に叫ぶのなら
この声の限りあなたへ
何千何万何億回でも

VERSE 3:
救い主
私を追い
かけてくれた
十字架の上で
いのちを
惜しまず死なれた

CHORUS 3:
あなたに
赦された幾千の罪
贖われたこのいのち
あなたが死に勝ったのなら
墓を背に歩き出そう
あなたが愛したように
私もいのち捧げよう

全世界
全ての人
あなたが

© 2017 Hillsong Music Publishing
All rights reserved. International copyright secured.
Used by permission.
Tel: +61 2 8853 5300
E-mail: publishing@hillsong.com
CCLI : 7122656

愛していると
その愛を伝えていく

TAG:
どんな数も表せない
あなたの終わりのない愛
一人も見捨てはしない

© 2017 Hillsong Music Publishing
All rights reserved. International copyright secured.
Used by permission.
Tel: +61 2 8853 5300
E-mail: publishing@hillsong.com
CCLI : 7122656

オーシャンズ

公認日本語訳
(Oceans (Where Feet May Fail))

作詞作曲
Matt Crocker, Joel Houston
& Salomon Lighthelm
訳詞
Lauren Horii

Ballad ♩ = 64

VERSE 1/2

あ-な-た-は-来-な-さ-い-と-わ-た-し-
そ-の-め-ぐ-み-は-ふ-か-く-そ-の-手-

-を-呼-ん-で-る ふ-あ-ん-て-い-に-揺-
-は-み-ち-び-き お-そ-れ-が-お-そ-う-

-れ-る ふ-か-い-み-ず-の-う-え
-と-き あ-な-た-は-見-捨-て-は-し-

cue 2nd time　　**CHORUS**

-な-い あ-な-た-の-名-を-呼-び

あ-な-た-だ-け-見-つ-め う-ね-る-な-み-

1.

も あ-な-た-に-い-だ-か-れ 越-え-て-行-こ-

© 2012 Hillsong Music Publishing (APRA).
All rights reserved. International copyright secured. Used by permission.
Tel: +61 2 8853 5300 Email: publishing@hillsong.com CCLI Song No. 7122583

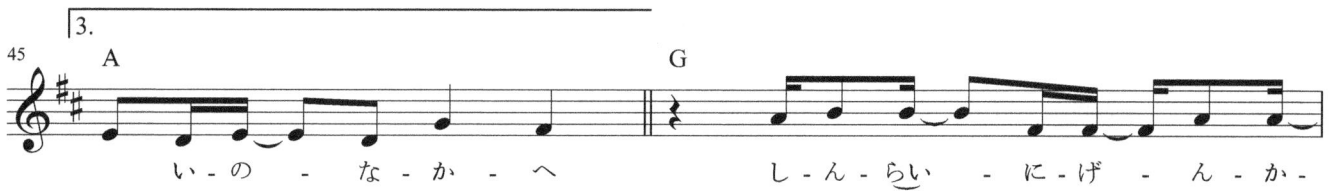

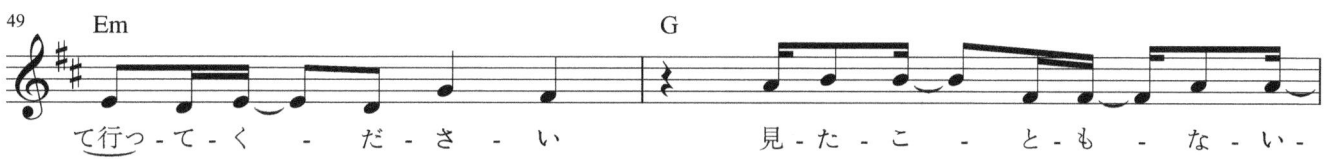

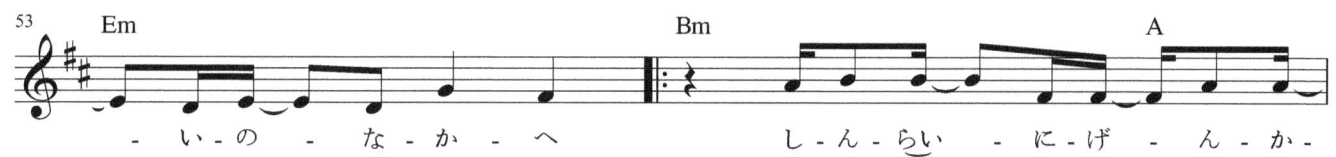

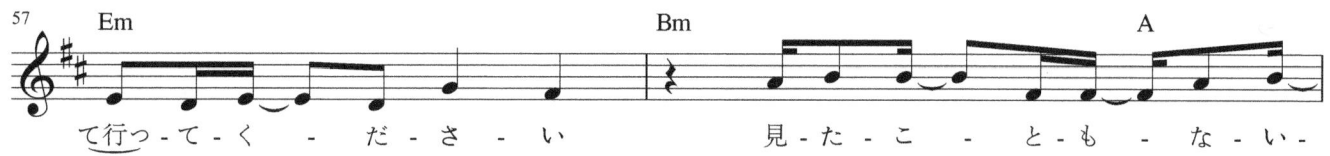

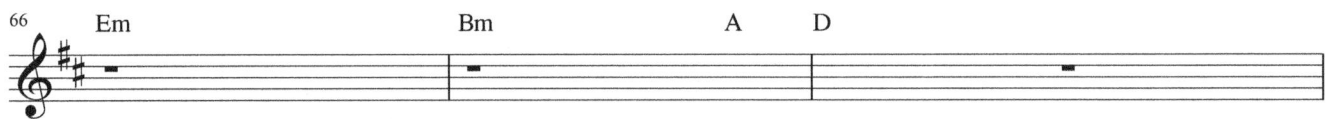

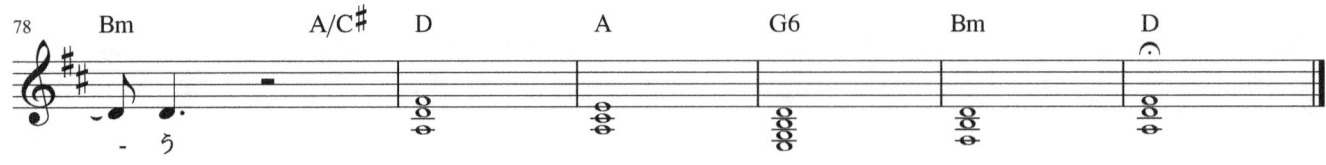

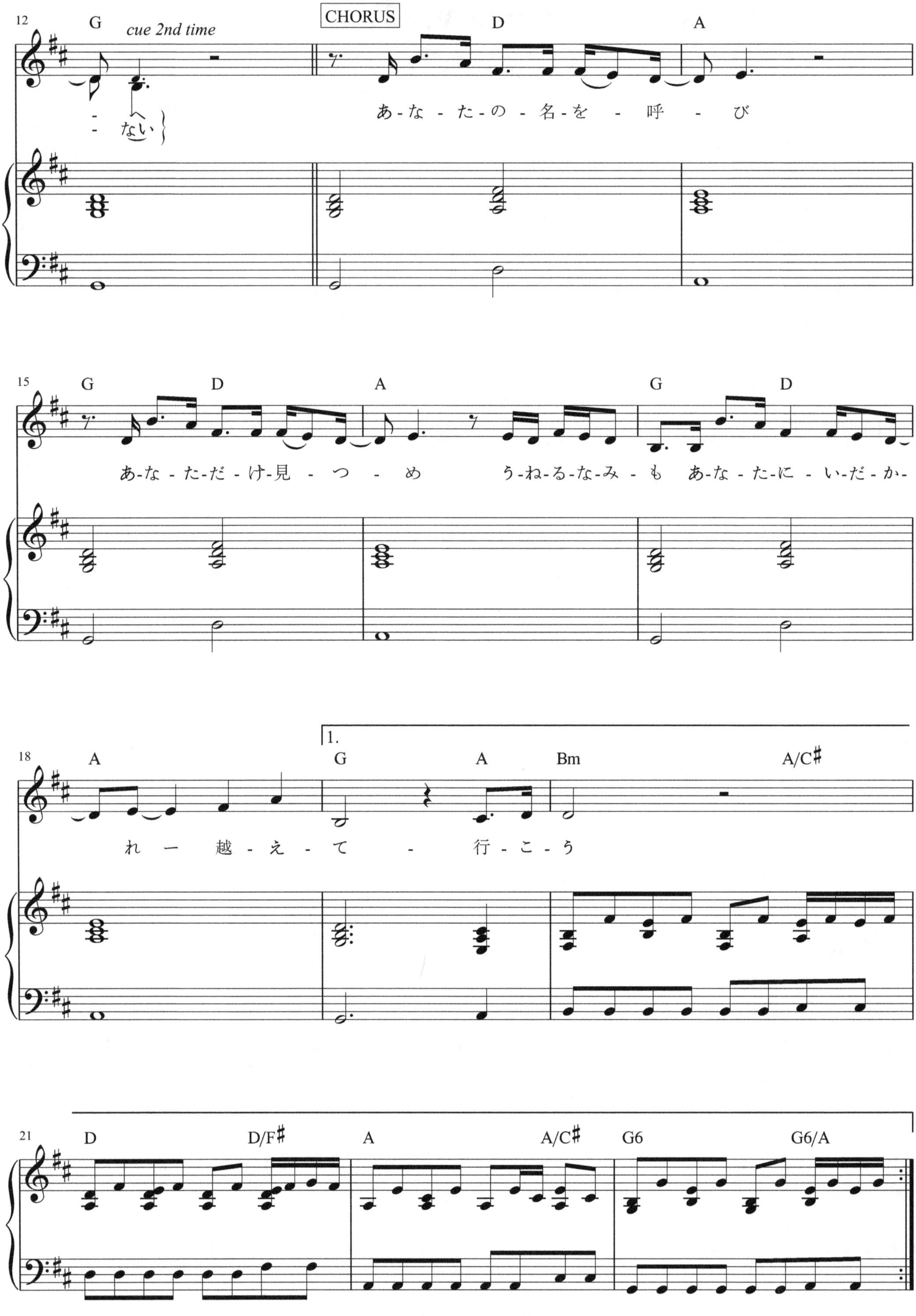
CHORUS
cue 2nd time
G D A
あ-な-た-の-名-を-呼-び
G D A G D
あ-な-た-だ-け-見-つ-め うねるなみも あ-な-た-に-い-だ-か-
A G A Bm A/C♯
れ 一 越-え-て-行-こ-う
D D/F♯ A A/C♯ G6 G6/A

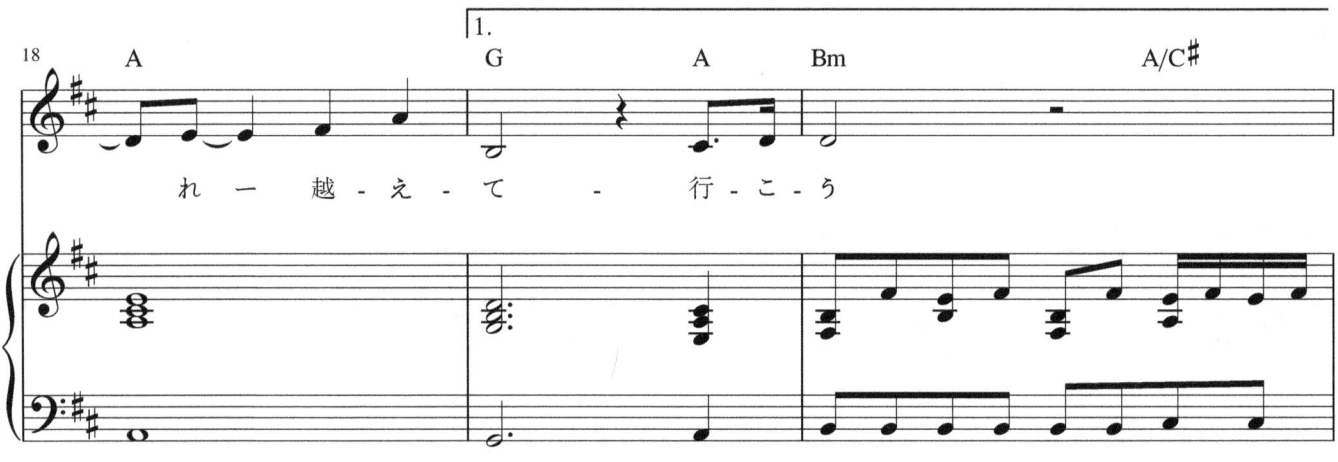

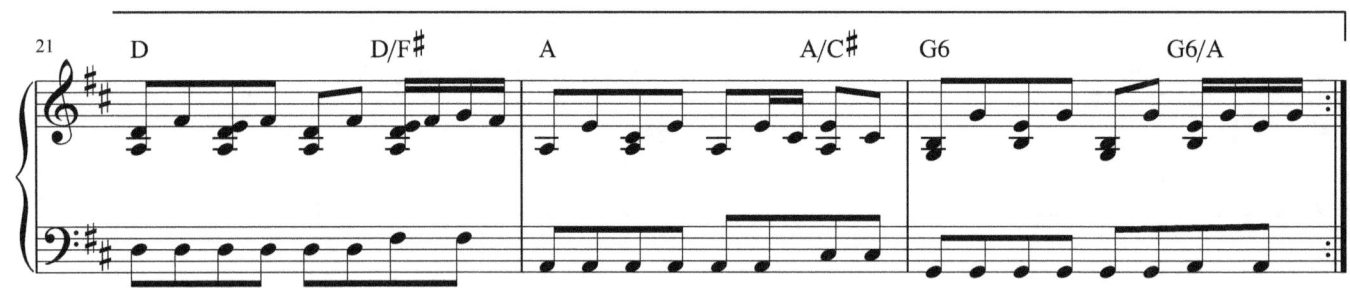

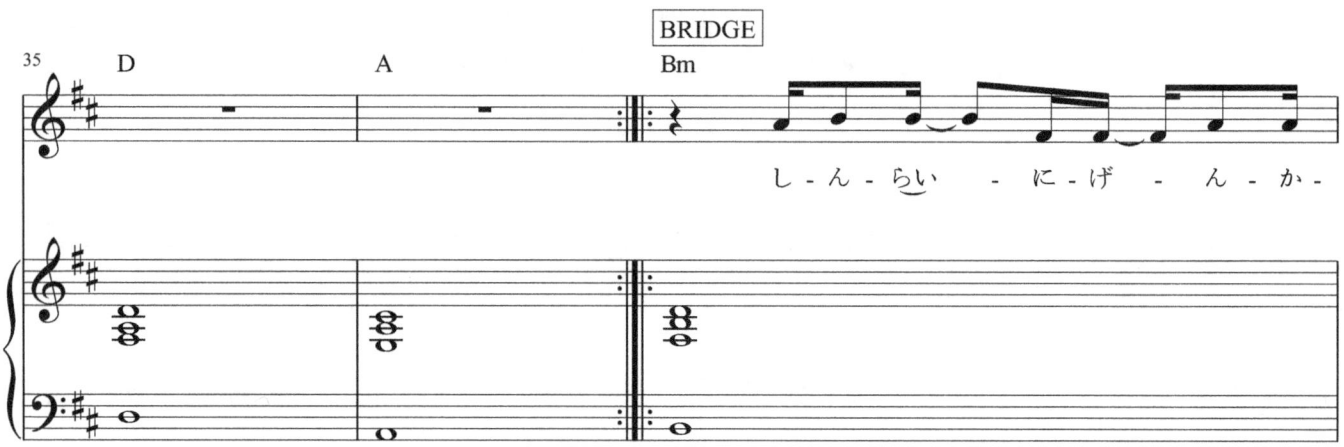

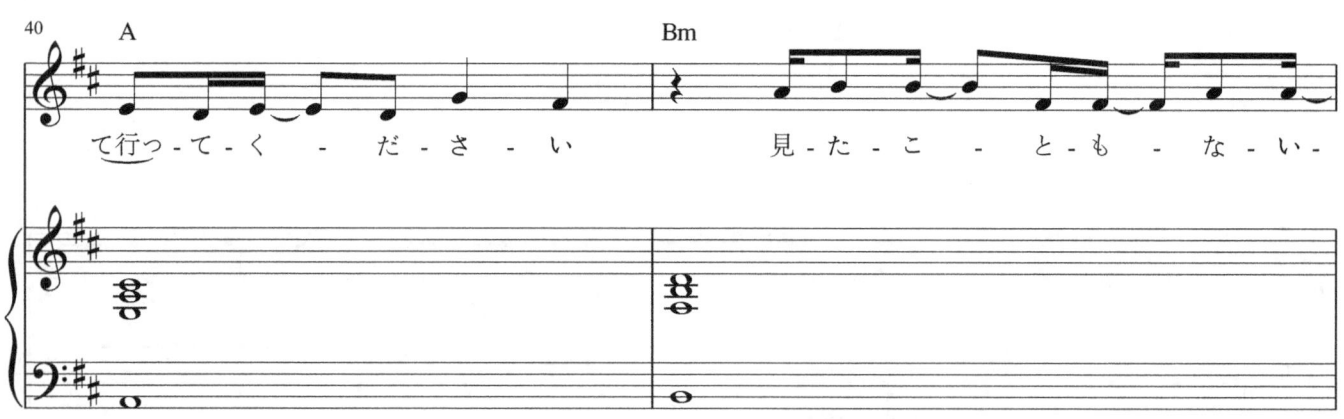

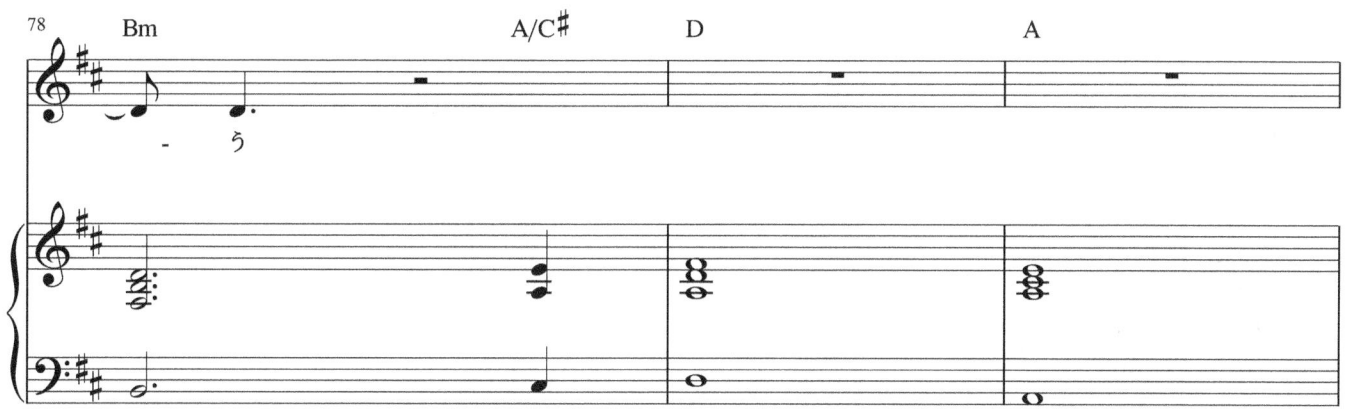
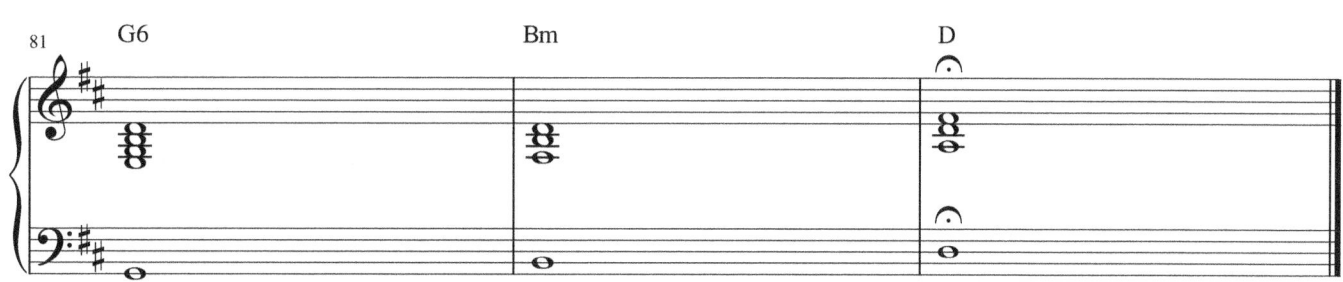

オーシャンズ

公認日本語訳
(Oceans (Where Feet May Fail))

作詞作曲
Matt Crocker, Joel Houston
& Salomon Lighthelm

訳詞
Lauren Horii

♩ = 64

Bm7 A/C# D A G(omit3) Bm G D/F# G6 G6/A Em

| Bm7 A/C# | D | A | G(omit3) |

VERSE 1

Bm　　　　　A/C#　D
あなたは「来なさい」と
　　A　　　G
わたしを呼んでる
Bm　　　A/C#　D
不安定に揺れる
　A　　　G
深い水の上へ

CHORUS

G　D　　　A
あなたの名を呼び
G　　D　　A
あなただけ見つめ
　　　G
うねる波も
　　　　D　　　A
あなたに抱（いだ）かれ
　　G　A　Bm
越えて行こう

VERSE 2

その恵みは深く
その手は導き
恐れが襲うとき
あなたは見捨てはしない

BRIDGE

Bm　　　　　　　G
信頼に限界のない場所へ
　　　D
聖霊よ手を引いて
　　　　A
連れて行ってください
Bm　　　　　　　G
見た事もない深い場所へ
　　D
信仰を強め
　　A
臨在の中へ

LAST CHORUS

G　D　　　A
あなたの名を呼び
G　　D　　A
あなただけ見つめ
G　　D　　　A
あなたに抱（いだ）かれ
　　G　A　Bm
越えて行こう

© 2012 Hillsong Music Publishing.
All rights reserved. International copyright secured. Used by permission.
Tel: +61 2 8853 5300　Email: publishing@hillsong.com　CCLI Song No. 7122583

オーシャンズ
公認日本語訳
(Oceans (Where Feet May Fail))

作詞作曲
Matt Crocker, Joel Houston & Salomon Lighthelm
訳詞
Lauren Horii

VERSE 1:
あなたは「来なさい」と
わたしを呼んでる
不安定に揺れる
深い水の上へ

CHORUS:
あなたの名を呼び
あなただけ見つめ
うねる波も
あなたに抱(いだ)かれ
越えて行こう

VERSE 2:
その恵みは深く
その手は導き
恐れが襲うとき
あなたは見捨てはしない

© 2012 Hillsong Music Publishing
All rights reserved. International copyright secured.
Used by permission.
Tel: +61 2 8853 5300
E-mail: publishing@hillsong.com
CCLI: 7122583

BRIDGE:
信頼に限界のない場所へ
聖霊よ手を引いて
連れて行ってください
見た事もない深い場所へ
信仰を強め
臨在の中へ

LAST CHORUS:
あなたの名を呼び
あなただけ見つめ
あなたに抱（いだ）かれ
越えて行こう

© 2012 Hillsong Music Publishing
All rights reserved. International copyright secured.
Used by permission.
Tel: +61 2 8853 5300
E-mail: publishing@hillsong.com
CCLI: 7122583

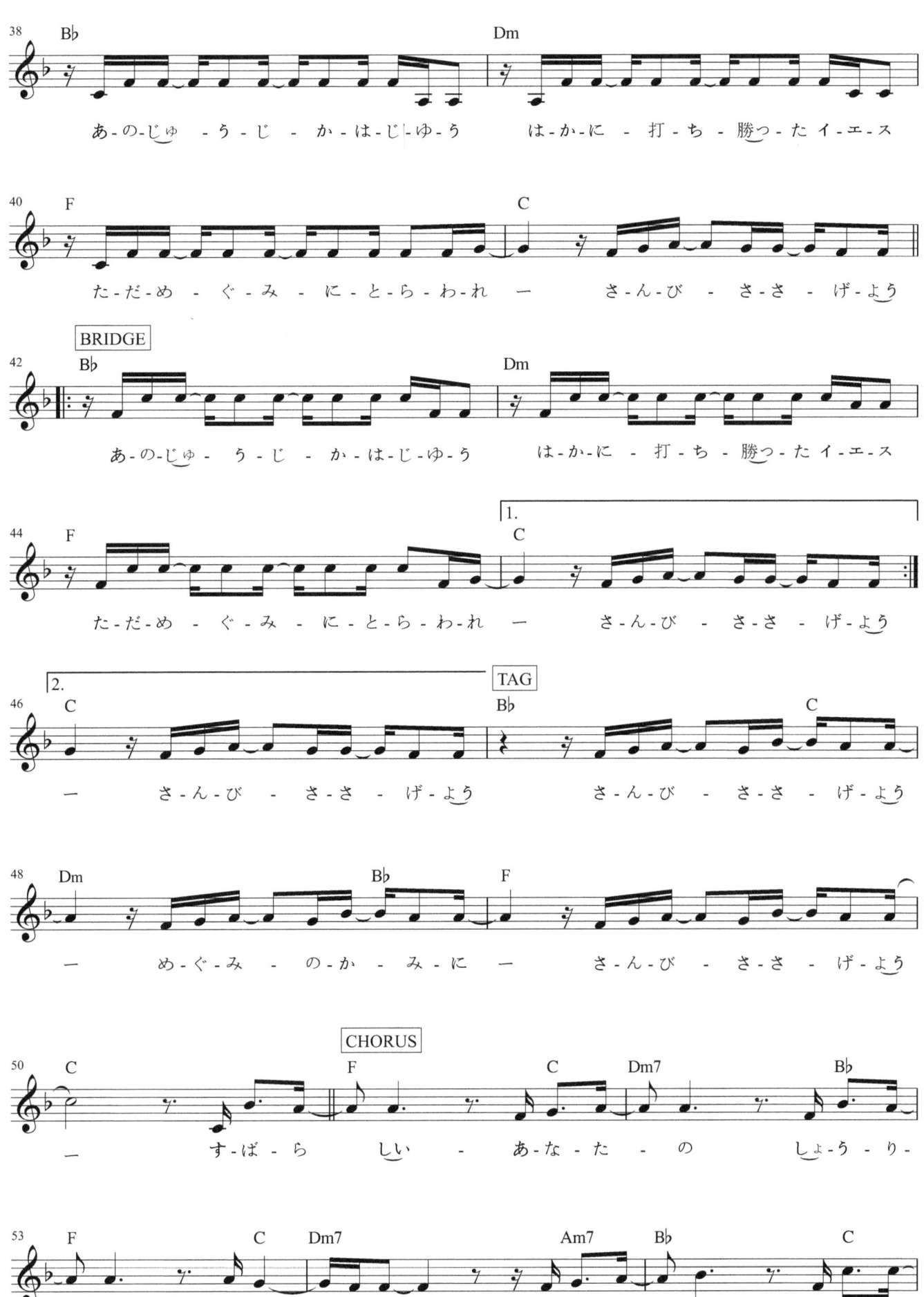

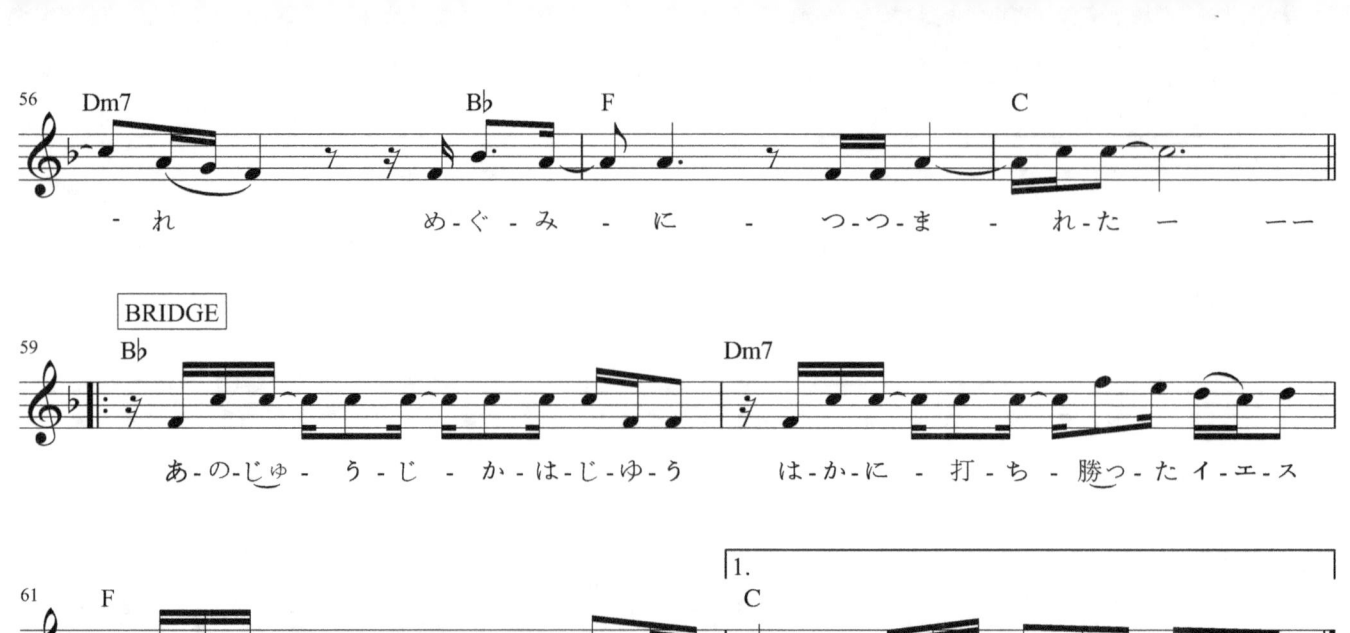

恵みから恵みへ

日本語公認訳
(Grace to Grace)

作詞作曲
Chris Davenport & Joel Houston
訳詞
Lauren Horii, Jun Sakakiyama,
Sayaka Eguchi & Sayaka Tano

Powerfully ♩ = 60

VERSE 1/2

じゅう-じ-か-を-耐-え-た
す-ば-ら-し-い-き-ぼ-う-が

す-く-い-ぬ-し-の-あ-い
あ-な-た-の-な-か-に-あ-る

わ-た-し-の-つ-み-を-背-負-い
よ-み-に-さ-え-く-だっ-た-主-は

© 2016 Hillsong Music Publishing.
All rights reserved. International copyright secured. Used by permission.
Tel: +61 2 8853 5300 Email: publishing@hillsong.com CCLI Song No. 7122581

恵みから恵みへ
日本語公認訳
(Grace to Grace)

♩ = 60

作詞作曲
Chris Davenport & Joel Houston

訳詞
Lauren Horii, Jun Sakakiyama,
Sayaka Eguchi & Sayaka Tano

F C Dm B♭ Am Dm7 Am7

| F C | Dm B♭ | F C | Dm B♭ |

VERSE 1
F　　　C　Dm　B♭
　十字架を耐えた
F　　　C　Dm　B♭
　救い主の愛
F　　　　C　Dm　B♭
　私の罪を背負い
F　　　　C　　Dm
　聖い血を流した

PRE-CHORUS 1
B♭　　　　　C
　命を投げ出して
B♭　　　　　　C　　Am
　罪を背負ってまで
B♭　　　　Dm　C
　愛してくださった

CHORUS 1
　　　　　F　　C　Dm7
素晴らしいあなたの
　B♭ F C Dm7
　勝利の傷跡
　Am7 B♭ C Dm7
　鎖は砕かれ
　B♭　F　　C　(F)
　恵みに包まれた

| F C | Dm B♭ | F C | Dm B♭ |

VERSE 2
素晴らしい希望が
あなたの中にある
よみにさえ降った主は
死に勝ち蘇った

PRE-CHORUS 2
罪、恥は消え去り
あなたの愛により
自由がここにある

Repeat CHORUS

BRIDGE
B♭
　あの十字架は自由
Dm
　墓に打ち勝ったイエス
F
　ただ恵みにとらわれ
C
　賛美捧げよう

Repeat BRIDGE 3 times

TAG
B♭　　　C　　　Dm
　賛美捧げよう
　　　B♭　　　F
　恵みの神に
　　　　　　　C
　賛美捧げよう

Repeat CHORUS
Repeat BRIDGE twice
Repeat TAG
Repeat CHORUS

© 2016 Hillsong Music Publishing.
All rights reserved. International copyright secured. Used by permission.
Tel: +61 2 8853 5300　Email: publishing@hillsong.com　CCLI Song No. 7122581

恵みから恵みへ
日本語公認訳
(Grace To Grace)

作詞作曲
Chris Davenport & Joel Houston

訳詞
Lauren Horii, Jun Sakakiyama, Sayaka Eguchi
& Sayaka Tano

VERSE 1:
十字架を耐えた
救い主の愛
私の罪を背負い
聖い血を流した

PRE-CHORUS:
命を投げ出して
罪を背負ってまで
愛してくださった

CHORUS:
素晴らしいあなたの
勝利の傷跡
鎖は砕かれ
恵みに包まれた

© 2016 Hillsong Music Publishing
All rights reserved. International copyright secured.
Used by permission.
Tel: +61 2 8853 5300
E-mail: publishing@hillsong.com
CCLI: 7122581

VERSE 2:
素晴らしい希望が
あなたの中にある
よみにさえ降った主は
死に勝ち蘇った

PRE-CHORUS 2:
罪、恥は消え去り
あなたの愛により
自由がここにある

BRIDGE:
あの十字架は自由
墓に打ち勝ったイエス
ただ恵みにとらわれ
賛美捧げよう

TAG:
賛美捧げよう
恵みの神に
賛美捧げよう

© 2016 Hillsong Music Publishing
All rights reserved. International copyright secured.
Used by permission.
Tel: +61 2 8853 5300
E-mail: publishing@hillsong.com
CCLI: 7122581

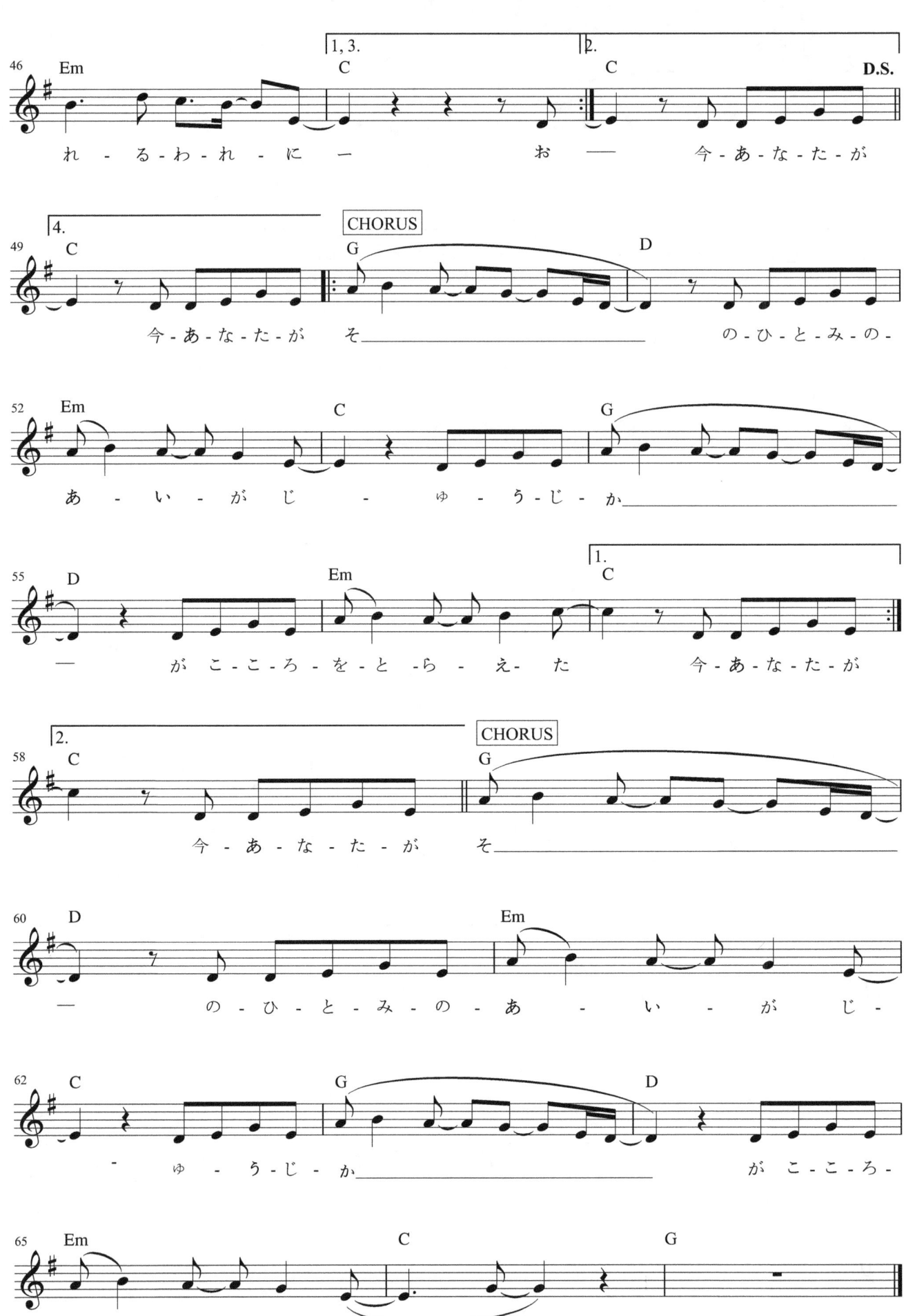

壊れた器 (アメージング・グレース)

公認日本語訳
(Broken Vessels (Amazing Grace))

♩ = 70

作詞作曲
Joel Houston & Jonas Myrin
訳詞
Lauren Horii & Sayaka Eguchi

| Em | G | Em | G | (repeat)

VERSE 1
Em　　　　G
壊れて散った破片
Em　　　　G
あわれみでつながる
Em　　　　G
あなたは見捨てない
　　D　　Em D
自由をもらった

VERSE 2
あやまちや弱さをも
主よ用いてください
この心捧げます
世界に示すため

INSTRUMENTAL
| G | D | Em | C |

PRE-CHORUS 1
C　　D
驚くばかりの
Em　　C
恵みなりき
C　　　D
この身の汚れを
　Em　　C
知れるわれに

PRE-CHORUS 2
G　　D
驚くばかりの
Em　　C
恵みなりき
G　　　D
この身の汚れを
　Em　　C
知れるわれに

CHORUS
　　G　　D
今あなたが
　　Em　C
その瞳の愛が
　　G　　D
十字架が
　　Em　C
心をとらえた

壊れた器 (アメージング・グレース)
公認日本語訳
(Broken Vessels (Amazing Grace))

作詞作曲
Joel Houston & Jonas Myrin
訳詞
Lauren Horii, Sayaka Eguchi

VERSE 1:
壊れて散った破片
あわれみでつながる
あなたは見捨てない
自由をもらった

PRE-CHORUS:
驚くばかりの
恵みなりき
この身の汚れを
知れるわれに

CHORUS:
今あなたが
その瞳の愛が
十字架が
心をとらえた

© 2014 Hillsong Music Publishing
All rights reserved. International copyright secured.
Used by permission.
Tel: +61 2 8853 5300
E-mail: publishing@hillsong.com
CCLI: 7122653

VERSE 2:
あやまちや弱さをも
主よ用いてください
この心捧げます
世界に示すため

© 2014 Hillsong Music Publishing
All rights reserved. International copyright secured.
Used by permission.
Tel: +61 2 8853 5300
E-mail: publishing@hillsong.com
CCLI: 7122653

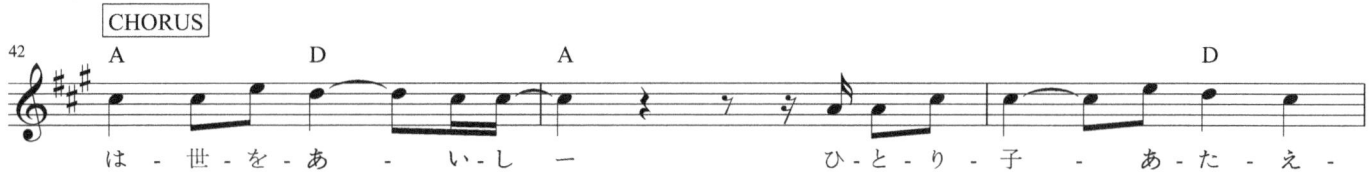

神は世を愛し

公認日本語訳
(God So Loved)

作詞作曲
Matt Crocker & Marty Sampson
訳詞
**Lauren Horii,
Jun Sakakiyama & Sayaka Eguchi**

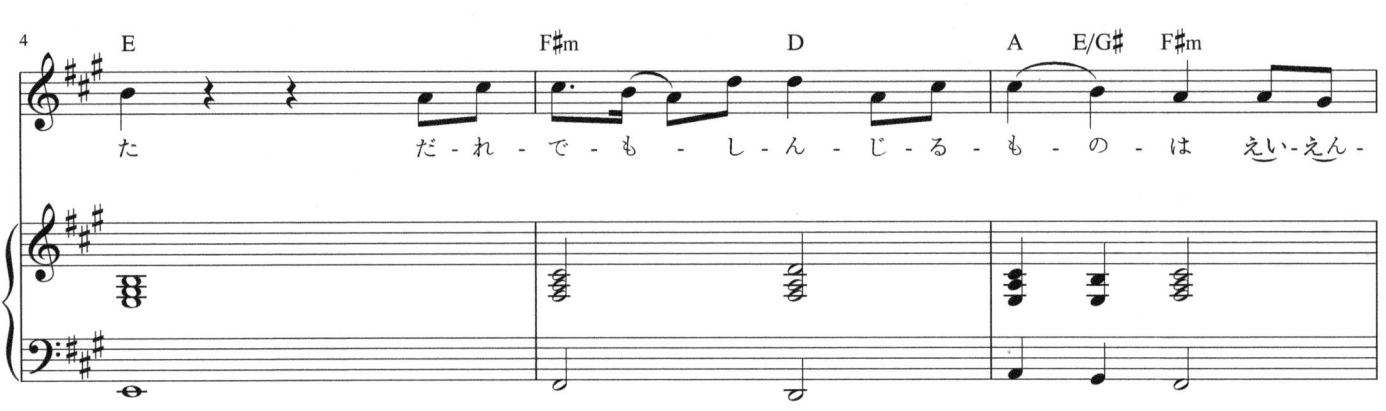

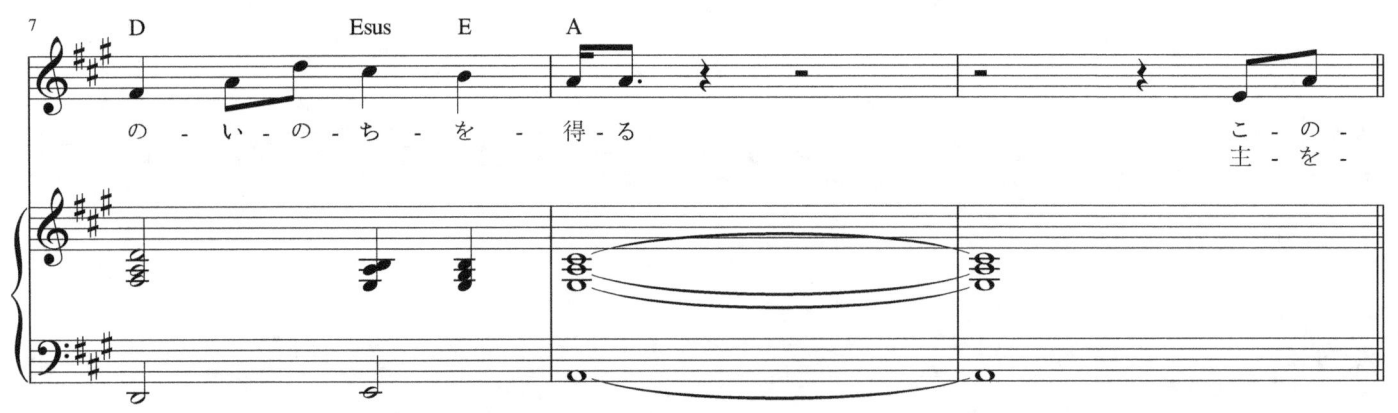

© 2017 Hillsong Music Publishing.
All rights reserved. International copyright secured. Used by permission.
Tel: +61 2 8853 5284 Email: publishing@hillsong.com CCLI Song No. 7122655

神は世を愛し
公認日本語訳
(God So Loved)

♩ = 70

作詞作曲
Matt Crocker & Marty Sampson
訳詞
Lauren Horii,
Jun Sakakiyama & Sayaka Eguchi

A D E F#m E/G# Esus Asus

CHORUS
```
    A  D   A
神は世を愛し
    A  D   E
ひとり子与えた
  F#m D   A E/G# F#m
誰でも信じるものは
      D    Esus E  A
永遠のいのちを得る
```

VERSE 1
```
     A  D  A
この十字架と
E/G# F#m D E
  神に従う
  F#m D   A E/G# F#m
愛に救われ
     D  E  A
自由得たから
```

Repeat CHORUS

VERSE 2
主を待ち望もう
み言葉を待とう
恵みによって 自由にされた

Repeat CHORUS

INSTRUMENTAL
| D | A | F#m | E | *(repeat)*

BRIDGE
```
      D       A
尊い血が　くれた自由
     F#m     E
イエスの栄光のため
      D     A E/G# F#m
委ねきろう　救い主
     D  E  A
イエスだけに
```

Repeat BRIDGE
Repeat CHORUS

TAG
```
     D  E  A
永遠のいのちを得る
```

© 2017 Hillsong Music Publishing.
All rights reserved. International copyright secured. Used by permission.
Tel: +61 2 8853 5284 Email: publishing@hillsong.com CCLI Song No. 7122655

神は世を愛し
公認日本語訳
(God So Loved)

作詞作曲
Matt Crocker & Marty Sampson
訳詞
Lauren Horii, Jun Sakakiyama & Sayaka Eguchi

VERSE 1:
この十字架と
神に従う
愛に救われ
自由得たから

CHORUS:
神は世を愛し
ひとり子与えた
誰でも信じるものは
永遠のいのちを得る

VERSE 2:
主を待ち望もう
み言葉を待とう
恵みによって
自由にされた

© 2017 Hillsong Music Publishing
All rights reserved. International copyright secured.
Used by permission.
Tel: +61 2 8853 5300
E-mail: publishing@hillsong.com
CCLI: 7122655

BRIDGE:
尊い血が
くれた自由
イエスの栄光のため
委ねきろう
救い主
イエスだけに

© 2017 Hillsong Music Publishing
All rights reserved. International copyright secured.
Used by permission.
Tel: +61 2 8853 5300
E-mail: publishing@hillsong.com
CCLI: 7122655

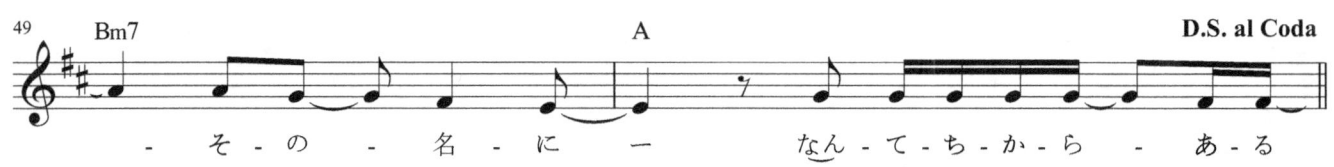

なんて麗しい名

公認日本語訳

(What A Beautiful Name)

作詞作曲
Ben Fielding & Brooke Ligertwood
訳詞
Lauren Horii & Sayaka Eguchi

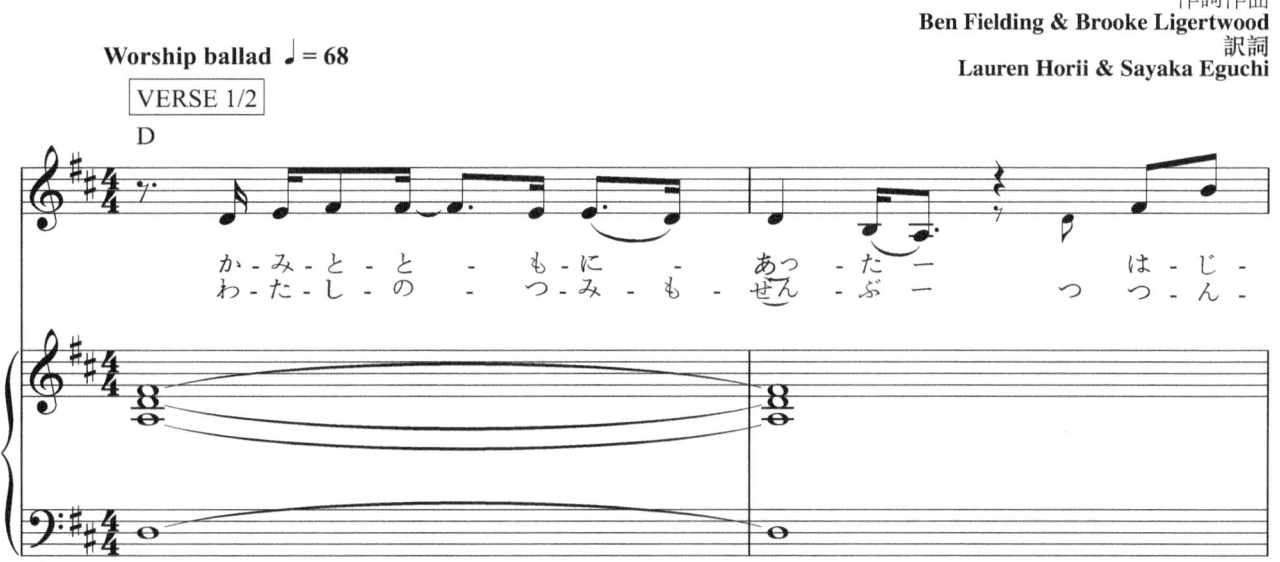

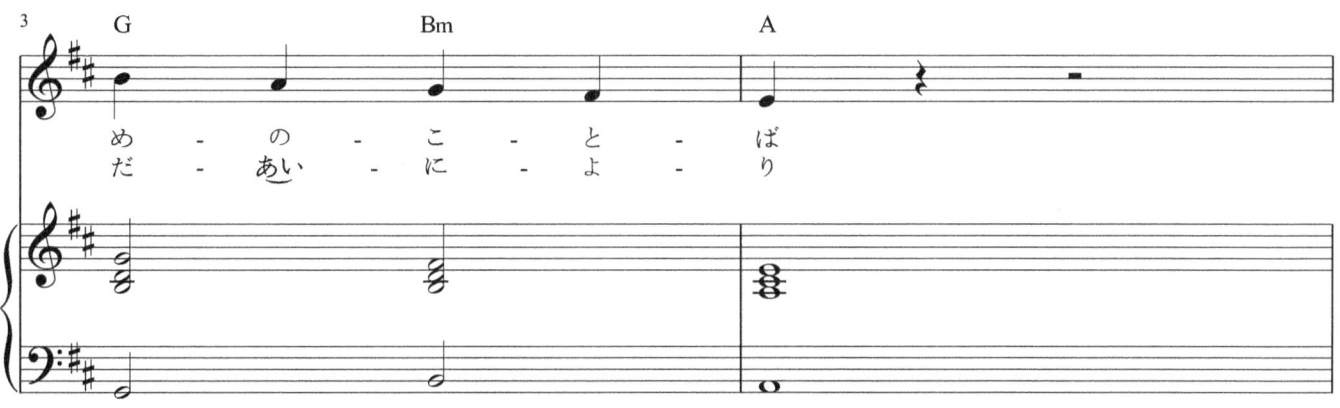

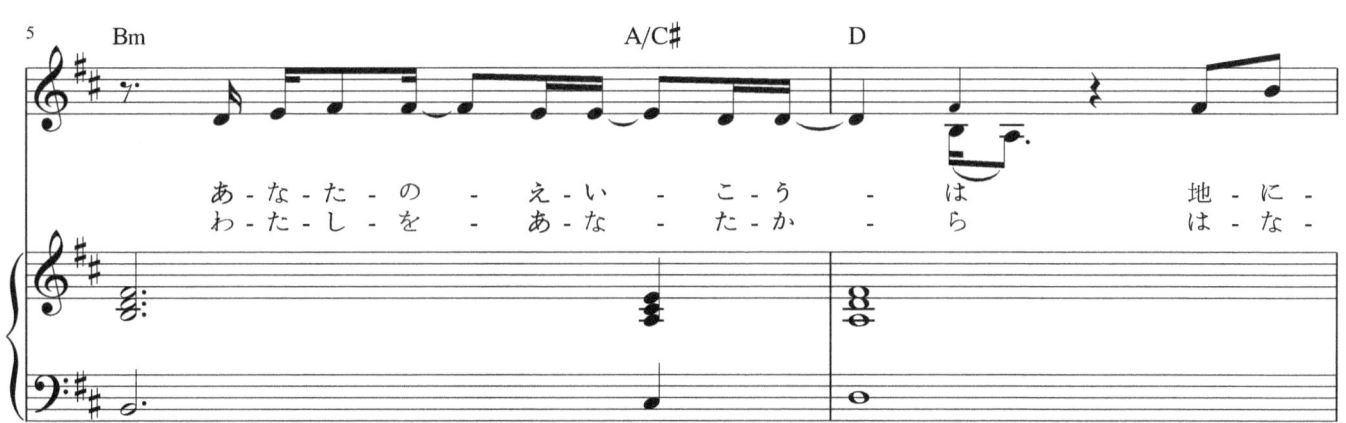

© 2016 Hillsong Music Publishing.
All rights reserved. International copyright secured. Used by permission.
Tel: +61 2 8853 5300 Email: publishing@hillsong.com CCLI Song No. 7119336

なんて麗しい名
公認日本語訳
(What A Beautiful Name)

♩ = 62

D　G　Bm　A　A/C#　D/F#　Bm7　F#m7

作詞作曲
Ben Fielding & Brooke Ligertwood
訳詞
Lauren Horii & Sayaka Eguchi

VERSE 1
D
神と共にあった
　　　G　Bm　A
はじめの言葉
Bm　　A/C#　D
あなたの栄光は
　　　G　Bm　A
地に満ちている

CHORUS
　　　　D
なんて麗しい
　　　A
なんて麗しい
　　　Bm　A　G
イエスキリストの
　　　　D/F#
その麗しい名に
　　　A
勝るものはない
　　　　Bm
なんて麗しい
　　A　　G
イエスの名は

VERSE 2
私の罪も全部
包んだ愛により
私をあなたから
離すものはない

CHORUS 2
なんて素晴らしい...

TAG
　　　　Bm
なんて素晴らしい
　　A　　G
イエスの名は

INSTRUMENTAL
G	A	Bm7	F#m7
G	A	Bm7	F#m7
G	A	Bm7	A

BRIDGE 1
　　　G
罪も死も
　　　A
あなたの前で
　　　Bm7　　F#m7
静まって　ひれ伏す
　　　G
吠えろ天よ
　　　A
栄光あれ
　　　　Bm7　　A
よみがえった　イエスに

BRIDGE 2
主に並ぶ　ものはない
永遠の王、神
国、力、栄あれ
イエスのその名に

CHORUS 3
なんて力ある

Repeat BRIDGE 2
Repeat CHORUS 3

TAG
　　　　Bm
なんて力ある
　　A　　G
イエスの名は
　　　　Bm
なんて力ある
　　A　　G
イエスの名は

なんて麗しい名
公認日本語訳
(What A Beautiful Name)

作詞作曲
Ben Fielding & Brooke Ligertwood
訳詞
Lauren Horii, Sayaka Eguchi

VERSE 1:
神と共にあった
はじめの言葉
あなたの栄光は
地に満ちている

CHORUS 1:
なんて麗しい
なんて麗しい
イエスキリストの
その麗しい名に
勝るものはない
なんて麗しい
イエスの名は

VERSE 2:
私の罪も全部
包んだ愛により

© 2016 Hillsong Music Publishing
All rights reserved. International copyright secured.
Used by permission.
Tel: +61 2 8853 5300
E-mail: publishing@hillsong.com
CCLI: 7119336

私をあなたから
離すものはない

CHORUS 2:
なんて素晴らしい
なんて素晴らしい
イエスキリストの
その素晴らしい名に
勝るものはない
なんて素晴らしい
イエスの名は

BRIDGE:
罪も死も
あなたの前で
静まって
ひれ伏す
吠えろ天よ
栄光あれ
よみがえった
イエスに

主に並ぶ
ものはない
永遠の王、神

© 2016 Hillsong Music Publishing
All rights reserved. International copyright secured.
Used by permission.
Tel: +61 2 8853 5300
E-mail: publishing@hillsong.com
CCLI: 7119336

国、力、栄あれ
イエスのその名に

CHORUS 3:
なんて力ある
なんて力ある
イエスキリストの
その力ある名に
勝るものはない
なんて力ある
イエスの名は

TAG:
なんて力ある
イエスの名は
なんて力ある
イエスの名は

© 2016 Hillsong Music Publishing
All rights reserved. International copyright secured.
Used by permission.
Tel: +61 2 8853 5300
E-mail: publishing@hillsong.com
CCLI: 7119336

本当の愛
公認日本語訳
(Real Love)

作詞作曲
Michael Fatkin, Hannah Hobbs & Alexander Pappas
訳詞
Lauren Horii & Shion Sakakiyama

さ-び-つい-て-い-た- こ-こ-ろ-
そ-ら-よ-り-た-か-く う-み-よ-

-が-い-ま- あ-な-た-に-出-会-い-
-り- ふ-か-い か-ん-ぺ-き-な-あ-い

生-き-かえ-る
受け-取-る

そ-の-あい-は- わ-た-し-を- は-な-さ-ない-

は-な-さ-ない あい ど-りょ-く-で-手-に-し-た

も-の-じゃ-無い ほん-とう -の-あい-

© 2015 Hillsong Music Publishing.
All rights reserved. International copyright secured. Used by permission.
Tel: +61 2 8853 5300 Email: publishing@hillsong.com CCLI Song No. 7122579

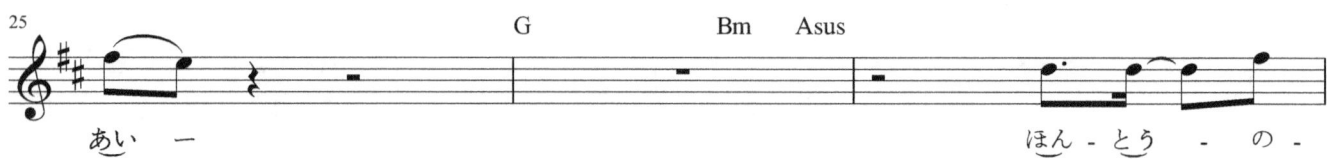

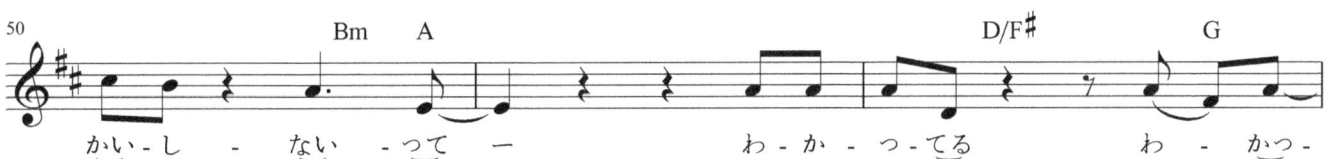

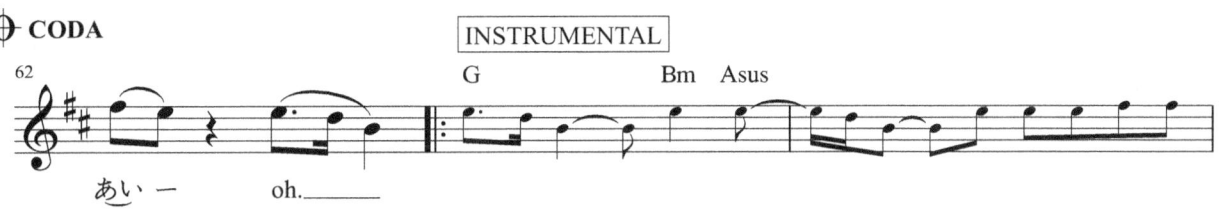

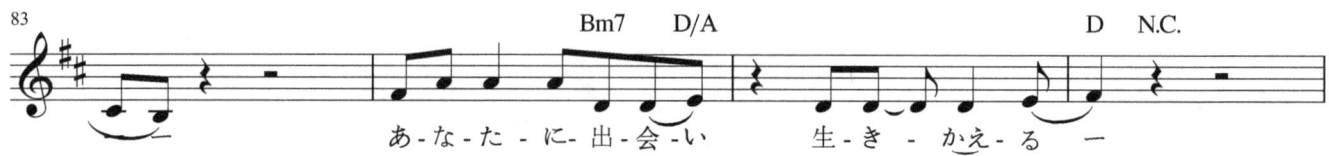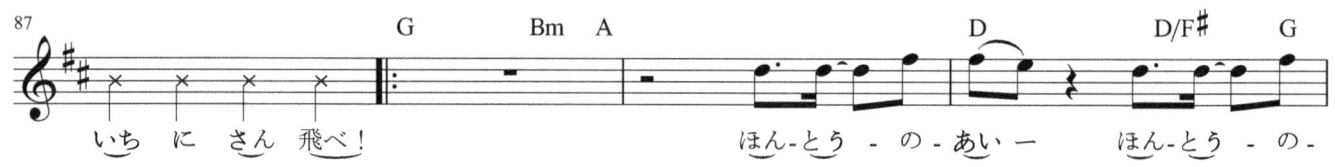

本当の愛

公認日本語訳
(Real Love)

♩ = 140

作詞作曲
Michael Fatkin, Hannah Hobbs
& Alexander Pappas
訳詞
Lauren Horii & Shion Sakakiyama

D D/G Bm7 D/A D/F♯ G Bm A(sus4) A

| D | D | D | D |

VERSE 1
D/G　　Bm7　D/A
錆付いていた
　　D/F♯　D/G
心が今
D/G　　Bm7　D/A
あなたに出会い
　　D/F♯　D/G
生き返る

VERSE 2
空より高く
海より深い
完璧な愛 受け取る

PRE-CHORUS
D/G
その愛は私を
Bm7　D/A
離さない
　　D/F♯　D/G
離さない
D/G
努力で手にした
　　Bm7　　D/A
ものじゃ無い
　　D/F♯　D/G
本当の愛

HOOK
G　Bm Asus　　　　　D
　　　　　　　本当の愛
D/F♯　　G2
本当の愛
G　Bm Asus　　　　　D
　　　　　　　本当の愛
D/F♯　　G2
本当の愛

INSTRUMENTAL
| G Bm Asus | Asus | D D/F♯ G | G | *(repeat)*

CHORUS
　　　　　　　G　　　　Bm A
もっともっと近く
　　　　　D　　　　　　D/F♯ G
あなたに引き寄せられ
　　　　　G　　　　　Bm A
Jesus あなただけが
　　　　　D　　D/F♯ G
本当の愛，本当の愛

BRIDGE
　　　　　G　　　Bm A
ただあなただけが
　　　D/F♯　G
欲しくて，欲しくて
　　　　G　Bm A
後悔しないって
　　　D/F♯　G
わかってる，わかっている

Repeat PRE-CHORUS
Repeat CHORUS
Repeat INSTRUMENTAL
Repeat CHORUS

| D/G Bm7 D/A | D/A | D/F♯ D/G | D/G |

Repeat VERSE 1
Repeat HOOK
Repeat INSTRUMENTAL
Repeat CHORUS

© 2015 Hillsong Music Publishing.
All rights reserved. International copyright secured. Used by permission.
Tel: +61 2 8853 5300 Email: publishing@hillsong.com CCLI Song No. 7122579

本当の愛
公認日本語訳
(Real Love)

作詞作曲
Michael Fatkin, Hannah Hobbs & Alexander Pappas
訳詞
Lauren Horii & Shion Sakakiyama

VERSE 1:
錆付いていた
心が今
あなたに出会い
生き返る

VERSE 2:
空より高く
海より深い
完璧な愛
受け取る

PRE-CHORUS:
その愛は私を
離さない
離さない
努力で手にした
ものじゃ無い
本当の愛

© 2015 Hillsong Music Publishing
All rights reserved. International copyright secured.
Used by permission.
Tel: +61 2 8853 5300
E-mail: publishing@hillsong.com
CCLI: 7122579

TAG:
本当の愛
本当の愛

CHORUS:
もっともっと近く
あなたに引き寄せられ
Jesus あなただけが
本当の愛
本当の愛

BRIDGE:
ただあなただけが
欲しくて
欲しくて
後悔しないって
わかってる
わかっている

© 2015 Hillsong Music Publishing
All rights reserved. International copyright secured.
Used by permission.
Tel: +61 2 8853 5300
E-mail: publishing@hillsong.com
CCLI: 7122579

アライブ

公認日本語訳
(Alive)

作詞作曲
Aodhan King & Alexander Pappas
訳詞
**Lauren Horii,
Jun Sakakiyama & Sayaka Eguchi**

With energy ♩ = 132

(き - ず -)

VERSE 1/3

つ - い - た - こ - こ - ろ - あ - な - た -
や - み - の - な - か - で - か - が - や -

は - 引 - き - 上 - げ - た - つ - く -
く - あ - な - た - の - あ - い - く - さ -

り - か - え - ら - れ - て - そ - の - 手 -
り - 解 - き - は - な - ち - じ - ゆ -

に - ま - も - ら - れ - る - あ - な -
う - を - あ - た - え - る - せ - か -

VERSE 2/4

た - こ - そ - す - べ - て - つ - い - て -
い - が - き - え - て - も - 止 - ま - ら -

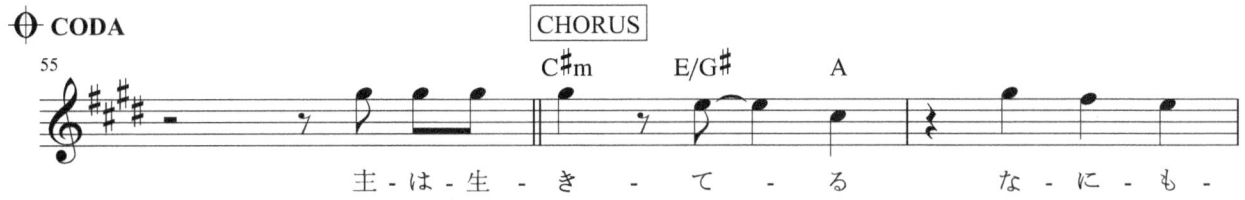

アライブ

公認日本語訳
(Alive)

作詞作曲
Aodhan King & Alexander Pappas
訳詞
**Lauren Horii,
Jun Sakakiyama & Sayaka Eguchi**

© 2012 Hillsong Music Publishing.
All rights reserved. International copyright secured. Used by permission.
Tel: +61 2 8853 5300 Email: publishing@hillsong.com CCLI Song No. 7119335

アライブ

公認日本語訳
(Alive)

♩ = 132

作詞作曲
Aodhan King & Alexander Pappas
訳詞
**Lauren Horii,
Jun Sakakiyama & Sayaka Eguchi**

C#m E/G# A B G Am

| C#m E/G# A | A | A C#m B | B | (repeat)

VERSE 1
  C#m E/G# A
傷ついた心
      A   C#m B
あなたは引き上げた
    C#m E/G# A
造りかえられて
    A   C#m B
その手に守られる

VERSE 2
あなたこそ全て
ついて行くどこまでも
あなたに目を留めて
終わらない主の恵み

PRE-CHORUS
   C#m E/G#   A
そうあなただけが自由
A   C#m B
高く高く掲げよう
   C#m E/G#   A
あなたの愛 終わらない
A C#m B
Oh Oh Oh

CHORUS
   C#m E/G# A
主は生きてる何も
   A C#m B
代えられない
   C#m E/G# A
あなたの愛自由を
  A C#m B
くれた Oh

VERSE 3
暗闇の中で
輝くあなたの愛
鎖解き放ち
自由を与える

VERSE 4
世界が消えても
止まらないで近づく
神の国が来る
その時までずっと

アライブ
公認日本語訳
(Alive)

作詞作曲
Aodhan King & Alexander Pappas
訳詞
Lauren Horii, Jun Sakakiyama &
Sayaka Eguchi

VERSE 1:
傷ついた心
あなたは引き上げた
造りかえられて
その手に守られる

VERSE 2:
あなたこそ全て
ついて行くどこまでも
あなたに目を留めて
終わらない主の恵み

PRE-CHORUS:
そうあなただけが自由
高く高く掲げよう
あなたの愛
終わらない

© 2012 Hillsong Music Publishing
All rights reserved. International copyright secured.
Used by permission.
Tel: +61 2 8853 5300
E-mail: publishing@hillsong.com
CCLI: 7119335

CHORUS:
主は生きてる
何も代えられない
あなたの愛
自由をくれた

VERSE 3:
暗闇の中で
輝くあなたの愛
鎖解き放ち
自由を与える

VERSE 4:
世界が消えても
止まらないで近づく
神の国が来る
その時までずっと

© 2012 Hillsong Music Publishing
All rights reserved. International copyright secured.
Used by permission.
Tel: +61 2 8853 5300
E-mail: publishing@hillsong.com
CCLI: 7119335

フォーリング・イントゥ・ユー

公認日本語訳

(Falling Into You)

作詞作曲
**Benjamin Hastings, Aodhan King,
Tracy Pratt, Cameron Robertson & Ben Tan**
訳詞
Lauren Horii

© 2015 Hillsong Music Publishing.
All rights reserved. International copyright secured. Used by permission.
Tel: +61 2 8853 5300 Email: publishing@hillsong.com CCLI Song No. 7122582

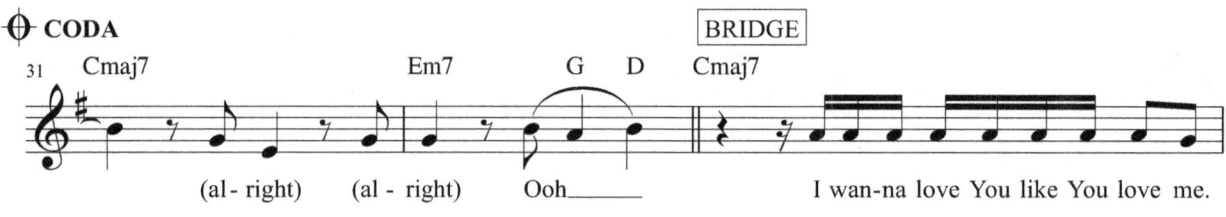

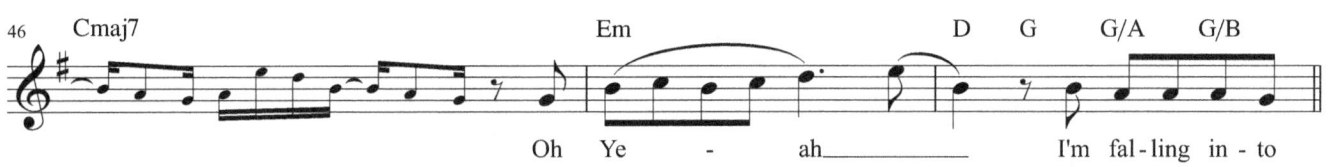

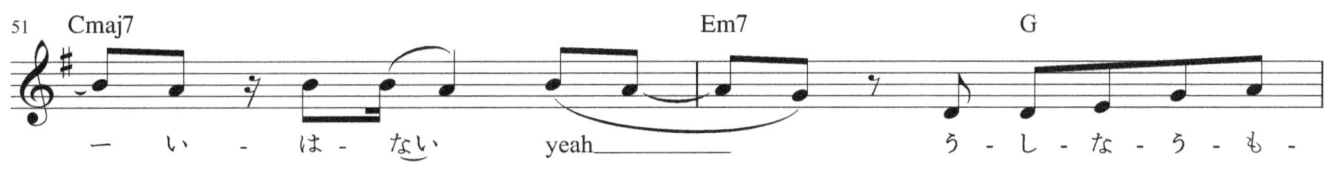

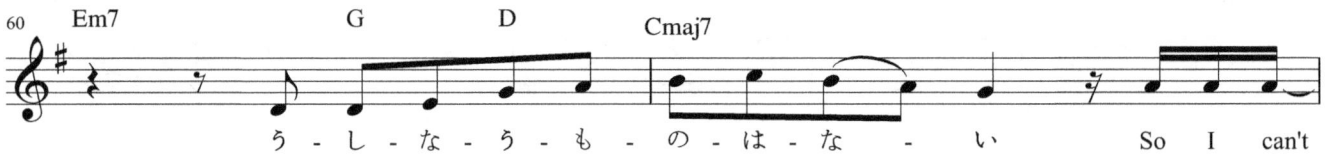
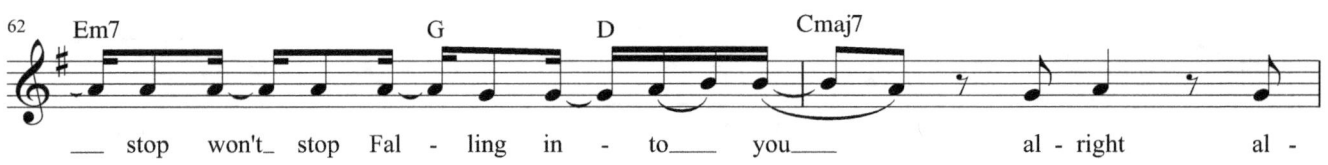

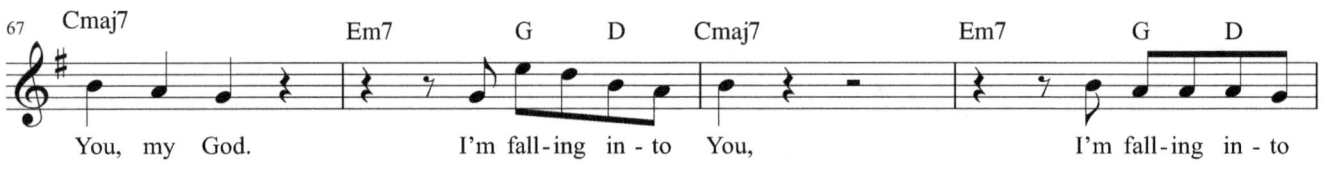

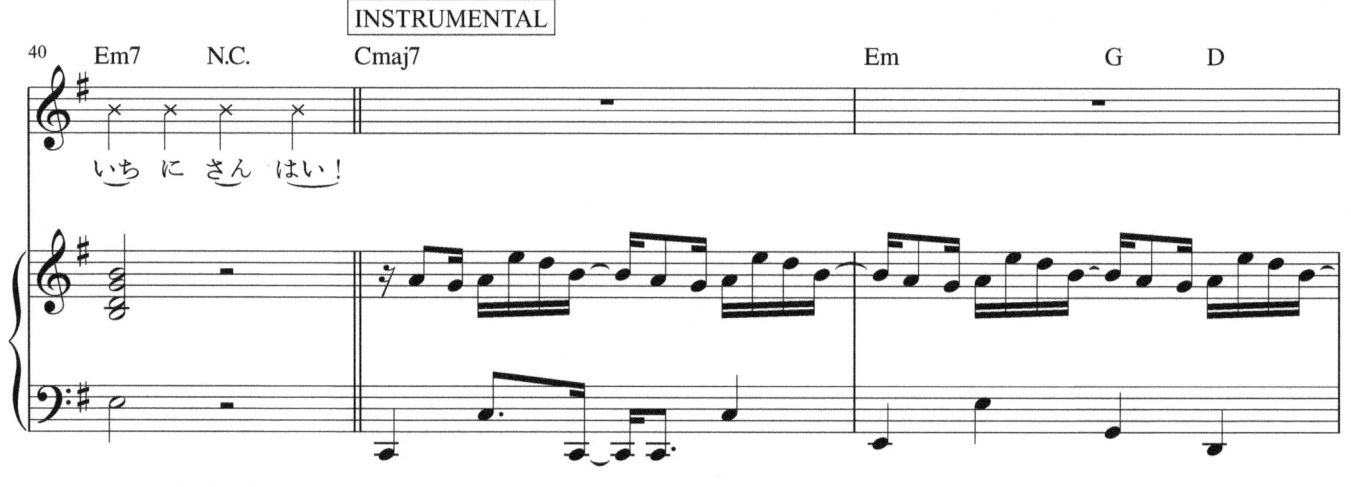

フォーリング・イントゥ・ユー
公認日本語訳
(Falling Into You)

作詞作曲
**Benjamin Hastings, Aodhan King,
Tracy Pratt, Cameron Robertson & Ben Tan**
訳詞
Lauren Horii

♩ = 106

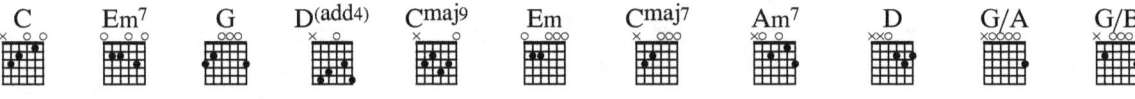

| C | Em7 G Dadd4 | Cmaj9 | Em7 G Dadd4 |

VERSE 1
```
C  G/B C     Em G
 差し掛かった崖
C  G/B C     Em G D
 自分の限界
C  G/B C     Em G
 あなたの愛は絶対に
C  G/B C     Em  N.C.
 受け止めるから
```

CHORUS
```
            Cmaj7
I'm falling into You
        Em7   G   D    Cmaj7
   どこを探したって  こんな愛はない
Em7     G    D     Cmaj7
    失うものはない
        Em7          G   D   Cmaj7
So I can't stop won't stop falling into You
Em7 G D
```

VERSE 2
```
全てを投げ捨て
やっと気づいた
Jesus あなたは
いつだって 愛してくれた
```

PRE-CHORUS
```
Em   G
あなたがしたみたいに
N.C.
あなたを愛したい
```

Repeat CHORUS

BRIDGE
```
Cmaj7                   Em7 G D
I wanna love You like You love me
Cmaj7                   Em7 Dsus
I wanna love You like You love me
Cmaj7
あなたがしたみたいに
Em7     G           D
あなたを愛したい
Cmaj7            N.C.
いち、に、さん、はい！
```

INSTRUMENTAL
| Cmaj7 | Em G D | Cmaj7 | Em G D |
| Am7 | Cmaj7 | Em | D G G/A G/B |

Repeat CHORUS X2

TAGS
```
       G    D   Cmaj7  Em7
I'm falling into You
       G    D   Cmaj7     Em7
I'm falling into You, my God
       G    D   Cmaj7  Em7
I'm falling into You
       G    D   Cmaj7           Em7
I'm falling into You, I'm falling into You
       G    D   N.C.
I'm falling into You, hey!
```

© 2015 Hillsong Music Publishing.
All rights reserved. International copyright secured. Used by permission.
Tel: +61 2 8853 5300 Email: publishing@hillsong.com CCLI Song No. 7122582

フォーリング・イントゥ・ユー
公認日本語訳
(Falling Into You)

作詞作曲：
Benjamin Hastings, Aodhan King, Tracy Pratt,
Cameron Robertson & Ben Tan
訳詞：
Lauren Horii

VERSE 1:
差し掛かった崖
自分の限界
あなたの愛は絶対に
受け止めるから

CHORUS:
I'm falling into you
どこを探したって
こんな愛はない
失うものはない
So I can't stop won't stop
Falling into you (alright)

© 2015 Hillsong Music Publishing
All rights reserved. International copyright secured.
Used by permission.
Tel: +61 2 8853 5300
E-mail: publishing@hillsong.com
CCLI: 7122582

VERSE 2:
全てを投げ捨て
やっと気づいた
Jesus あなたは
いつだって
愛してくれた

PRE-CHORUS:
あなたがしたみたいに
あなたを愛したい

© 2015 Hillsong Music Publishing
All rights reserved. International copyright secured.
Used by permission.
Tel: +61 2 8853 5300
E-mail: publishing@hillsong.com
CCLI: 7122582

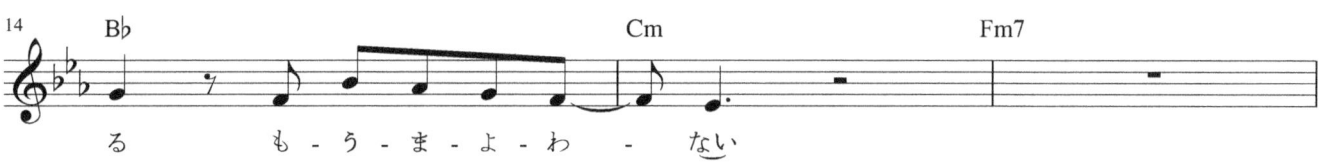

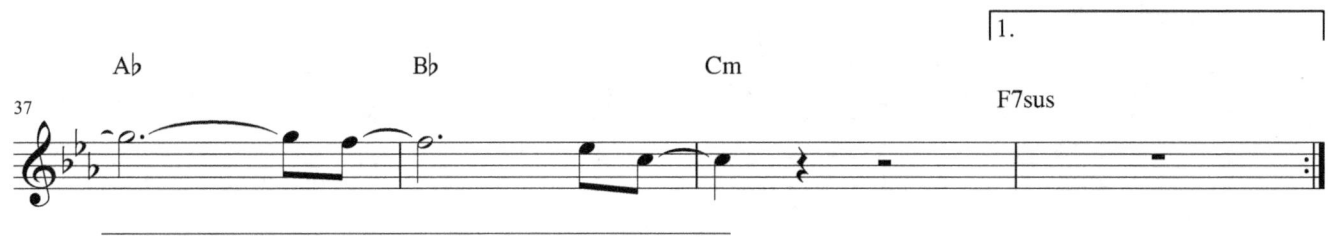

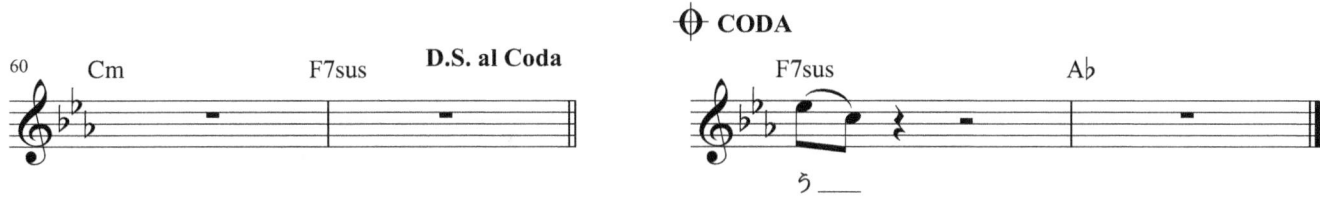

ディス・イズ・リビング
公認日本語訳
(This Is Living)

作詞作曲
Joel Davies & Aodhan King
訳詞
Jun Sakakiyama,
Sayaka Eguchi & Lauren Horii

© 2014 Hillsong Music Publishing.
All rights reserved. International copyright secured. Used by permission.
Tel: +61 2 8853 5300 Email: publishing@hillsong.com CCLI Song No. 7119337

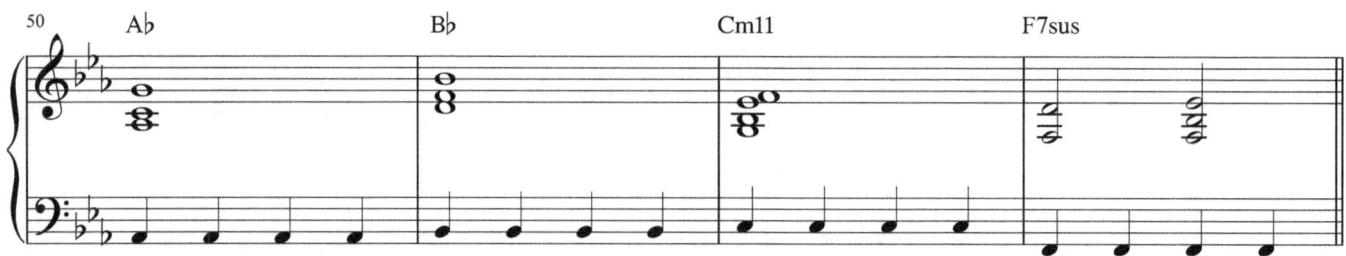

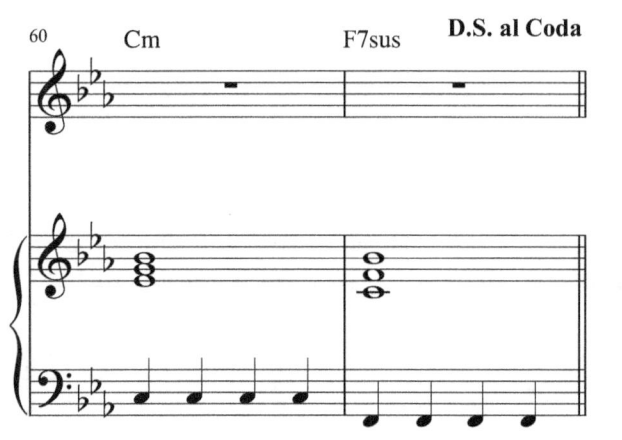

ディス・イズ・リビング

公認日本語訳
(This Is Living)

♩ = 128

作詞作曲
Joel Davies & Aodhan King
訳詞
Jun Sakakiyama,
Sayaka Eguchi & Lauren Horii

A♭ B♭ Cm Fm7 F7(sus4)

| A♭ | B♭ | Cm | Fm7 | (repeat)

VERSE 1
A♭　　　　　B♭
生きる理由がある
Cm　　　Fm7
夢をつかみ
　　A♭　　　B♭
神のため生きる
　　　Cm　　Fm7
もう迷わない

VERSE 2
引き上げ 奇跡見せた
あなたの愛と
この自由 決して
無駄にはしない

PRE-CHORUS
A♭　　　　B♭
太陽が雲を突き抜け
Cm　　　F7sus
世界は色づいてゆく
A♭　　B♭　　　　Cm
すべて新しくなる
F7sus　　　　A♭ B♭ Cm
This is living now
F7sus　　　　A♭ B♭ Cm　F7sus
This is living now

VERSE 3
導くあなたのもと
愛で満ちる
イエスと生きることに
比べるものはない

CHORUS
A♭　　　　　B♭
どんな場所より高く
Cm　　　　F7sus
愛によってはばたく
　　A♭　　　B♭
神の自由のなか
　　　Cm　　　F7sus
あなたを求めていこう

| A♭ | B♭ | Cm11 | F7sus |

PRE-CHORUS
A♭　　　　B♭
太陽が雲を突き抜け
Cm　　　F7sus
世界は色づいてゆく
A♭　　B♭　　　　Cm
すべて新しくなる
A♭　　　　B♭
太陽が雲を突き抜け
Cm　　　F7sus
世界は色づいてゆく
A♭　　B♭　　　　Cm
すべて新しくなる
F7sus　　　　A♭ B♭ Cm
This is living now
F7sus　　　　A♭ B♭ Cm　F7sus
This is living now

Repeat CHORUS

ディス・イズ・リビング

公認日本語訳
(This Is Living)

作詞作曲
Joel Davies & Aodhan King

訳詞
Jun Sakakiyama, Sayaka Eguchi & Lauren Horii

VERSE 1:
生きる理由がある
夢をつかみ
神のため生きる
もう迷わない

VERSE 2:
引き上げ
奇跡見せた
あなたの愛と
この自由
決して
無駄にはしない

PRE-CHORUS:
太陽が雲を突き抜け
世界は色づいてゆく
すべて新しくなる
This is living now

© 2014 Hillsong Music Publishing
All rights reserved. International copyright secured.
Used by permission.
Tel: +61 2 8853 5300
E-mail: publishing@hillsong.com
CCLI No: 7119337

CHORUS:
どんな場所より高く
愛によってはばたく
神の自由のなか
あなたを求めていこう

VERSE 3:
導くあなたのもと
愛で満ちる
イエスと生きることに
比べるものはない

© 2014 Hillsong Music Publishing
All rights reserved. International copyright secured.
Used by permission.
Tel: +61 2 8853 5300
E-mail: publishing@hillsong.com
CCLI No: 7119337

www.ingramcontent.com/pod-product-compliance
Lightning Source LLC
Chambersburg PA
CBHW080807300426
44114CB00020B/2855